KB075915

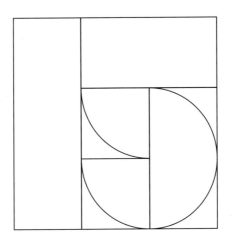

전국책을 읽다

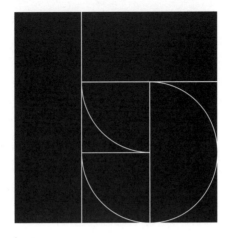

고전강의 15

전국책을 읽다

=

국경과 계급을 초월한
모략서를 공부하는 첫걸음

**양자오 지음 ＋ 김택규 옮김**

일러두기
본문의 각주는 모두 옮긴이의 것이다.

저자 서문

동양고전 읽는 법


1


2007년부터 2011년까지 5년간, 저는 민룽 강당敏隆講堂
에서 '중국 역사 다시 보기'重新認識中國歷史 강좌를 개설하고
13기에 걸쳐 130강을 강의했습니다. 신석기에서 신해혁명까
지 중국 역사를 죽 훑는 이 통사 강좌는 전통적인 해설을 벗
어나 신사학 혁명新史學革命* 이후 지난 100여 년간 중국 역
사 연구의 새롭고 중요한 발견과 해석을 소개하는 데 역점을
두었습니다. '중국 역사 다시 보기'라는 제목도 그래서 달았
지요.

---

* 근대적인 방법론에 입각한 새로운 역사학.

'중국 고전을 읽다' 시리즈는 원래 이 통사 강좌에 이어지는 형식이어서 고전의 선별도 같은 취지로 역사적 관점에서 이루어졌습니다. 중국 역사를 다른 방식으로 한 번 더 강의하는 셈이지요.

  저는 통사 강좌에서는 수천 년 중국 역사의 거대하고 유장한 흐름 가운데 제가 중요하다고 여기거나 소개할 만하며 함께 이야기할 만한 부분을 가려 뽑아 중국 역사를 보여 주려 했습니다. 반면 '중국 고전을 읽다'에서는 주관적인 선택과 판단을 줄여, 독자들이 직접 고전을 통해 중국 역사를 살피고 이해하게 되기를 바라고 있습니다.

  오늘날의 일상 언어로 직접 수천 년 전 고전을 읽고 역사를 이해한다는 것은 매우 보기 드문 행운입니다. 현대 중국인은 2천여 년 전의 중국 문자를 번역 없이 읽을 수 있고, 정보의 대부분을 직관적으로 파악할 수 있으며, 조금만 더 시간을 들이면 보다 깊은 의미도 해석할 수 있습니다. 고대의 중국 문자와 오늘날 중국인이 일상에서 쓰는 문자 사이에는 분명하고도 강력한 연속성이 존재하지요. 현대 사회에서 통용되는 중국 문자의 기원은 대부분 거의 『시경』詩經과 『상서』尙書 시대까지 거슬러 올라가며, 그중 일부는 갑골문甲骨

文이나 금문金文의 시대까지 소급됩니다. 문법에서도 꽤 차이가 있고 문자의 뜻이 완전히 일치하지는 않지만, 고대 중국 문자의 사용 규칙은 오늘날 쓰이는 문자와 대비해 보면 매우 쉽게 유추됩니다.

이는 인류 문명에서 매우 특이한 현상으로 사실상 세계 역사에서 또 다른 사례를 찾아보기 어렵습니다. 기원전 3천 년부터 오늘날에 이르기까지, 같은 기호와 같은 의미가 결합된 하나의 문자 체계가 5천 년 동안이나 끊이지 않고 이어져, 오늘날 문자의 사용 규칙에서 유추해 몇천 년 전의 문헌을 직접 읽을 수 있다니 대단하지요.

이처럼 고대부터 간단없이 이어진 중국 문자의 전통은 문명의 기본 형태를 결정짓는 데 상당한 영향을 주었습니다. 비록 중국 사회가 역사를 통해 이에 상응하는 대가를 치르기는 했지만, 이 전통 덕분에 지금 이 시대의 중국인은 매우 희소가치가 높은 능력을 얻었습니다. 이런 능력을 잘 이해하고 사용하지 않을 이유가 없지요.

**2**

고전을 읽는 첫 번째 이유는 이런 것입니다. 중국 역사에는 가장 기본적인 자료들이 있습니다. 이 누적된 자료를 선택하고 해석하면서 역사의 다양한 서술 방식이 형성되었습니다. 중국 문자를 이해하고 그 역사에 관심이 있는 사람이라면 누구나 역사의 다양한 서술 방식을 접하고 나서 그 기본적인 자료들로 돌아갈 수 있습니다. 누구나 역사학자들이 어떻게 이 자료들을 멋지게 요리했는지 직접 살필 수 있고, 스스로 가장 기본적인 자료들을 들추며 서술의 옳고 그름을 따질 수 있는 것입니다.

우리는 『시경』이 어떤 책인지 소개하는 책을 읽고, 『시경』에서 뽑아낸 재료로 서주西周 사회의 모습을 재구성한 이야기를 듣기도 합니다. 그런데 이런 기초 위에서 『시경』을 읽으면 『시경』의 내용과 우리가 처음 상상한 것이 그다지 닮지 않았음을 알게 될지 모릅니다. 서주 사회에 대해 우리가 처음 품었던 인상과 『시경』이 보여 주는 실제 내용은 전혀 다를 수 있지요. 어쨌든 우리에게 무척 강렬한 독서의 즐거움을 안겨 줄 겁니다!

고전을 읽는 두 번째 이유는 그것이 현재와 다른 시공간에서 탄생했음에도, 인간의 보편적 경험과 감상을 반영한다는 데 있습니다. 오늘날에도 우리는 여전히 같은 인간이라는 입장에서 고전 속의 경험과 감상을 확인할 수 있고 느낄 수 있고 비교할 수 있습니다. 우리는 그 안에서 비슷한 경험과 감상을 발견하고, 시공간의 차이를 넘어 공감대를 형성할 수 있습니다. 그리고 다른 경험과 감상을 통해서는 우리 삶의 경험을 확장할 수도 있지요.

역사학 훈련에서 얻어진 습관과 편견으로 인해, 저는 고전을 읽을 때 오늘날 현실과는 전혀 다른 사실들이 던져 주는 지적 자극에 좀 더 흥미를 느낍니다. 역사는 우리에게 인류의 다양한 경험과 폭넓은 삶의 가능성을 보여 주고, 나아가 우리가 너무도 당연하게 여겼던 현실에 의문을 품고 도전하게 만들지요. 이 점이 바로 역사의 가장 근본적인 기능입니다. 또한 역사라는 학문이 존재하는 의의이자 다른 무엇과도 바꿀 수 없는 핵심 가치이기도 합니다.

## 3

중국 사회가 수천 년 동안 이어진 문자 전통 때문에 상응하는 대가를 치렀다는 사실은 앞서도 언급한 바 있습니다. 그중 하나는 이 연속성이 역사를 바라보는 중국의 전통 관점에 영향을 끼쳤다는 점입니다. 끊이지 않고 줄곧 이어진 문자 체계 때문에, 중국인은 조상이나 옛사람을 지극히 가깝게 여기고 친밀하게 느낍니다. 그래서 중국에서는 역사학이 과거에 발생한 어떤 사건을 연구하는 독립적인 학문이었던 적이 없습니다. 역사와 현실 사이의 명확한 경계가 인식되지 않고 떼려야 뗄 수 없는 연속체처럼 여겨졌죠.

우리는 삶의 현실에서 도움을 얻고자 역사를 공부합니다. 그런 까닭에, 중국에서는 나중에 생겨난 관념과 사고가 끊임없이 역사 서술에 영향을 끼치고 역사적 판단에 스며들었습니다. 한 가지 심각한 문제는 이 전통 속에서 사람들이 늘 현실적인 고려에 따라, 현실이 필요로 하는 방식으로 역사를 다시 써 왔다는 사실입니다. 시간이 흐르면서 서로 다른 현실적 고려가 겹겹이 역사 위에 쌓여 왔지요. 특히 고전에 대한 전통적인 해석들이 그 위로 두텁게 덧쌓였습니다.

따라서 우리는 갖가지 방식을 동원해 덧쌓인 해석들을 한 풀 한 풀 벗겨 내고 비교적 순수한 맨 처음 정보를 보려고 노력해야 합니다. 그런 뒤에야 『시경』을 통해 2천 년 전 또는 2천 5백 년 전 중국 사회의 어떤 모습이나 그 사람들의 심리를 참으로 이해했다고 할 수 있습니다. 또한 주周나라 당시의 정치 구조 안에서 『상서』가 표현하는 봉건 체제를 이해하며, 황제 통치가 확립된 진秦나라와 한漢나라 이후의 가치 관념으로 『상서』를 왜곡하는 일이 없을 것입니다.

'중국 고전을 읽다' 시리즈에서 저는 이 고전들을 '전통' 독법대로 해석하지 않을 생각입니다. 전통적으로 당연시해 온 독법은 특히 면밀한 검증과 토의를 필요로 합니다. 도대체 고전 원문에서 비롯된 해석인지, 아니면 후대의 서로 다른 시기에 서로 다른 현실적 요구에 따랐기에 그때는 '유용' 했으나 고전 자체에서는 멀어진 해석인지 말이지요.

고전을 원래의 태어난 역사 배경에 돌려놓고 그 시대의 보편 관점을 무시하지 않는 것은 이 시리즈의 중요한 전제입니다. '역사적 독법'을 위한 '조작적 정의'*라고도 할 수 있겠습니다.

우리는 '역사적 독법'의 기초 위에서 비로소 '문학적 독

---

* 사물 또는 현상을 객관적이고 경험적으로 기술하기 위한 정의.

법'으로 나가는 다음 단계를 밟을 수 있습니다. 먼저 이 고전들은 오늘날의 우리를 위해 쓰인 것이 아니라, 그것들이 태어난 시대에 우리와 매우 다른 삶을 살았던 옛사람들이 쓴 것입니다. 그러므로 우리는 자기중심적인 태도와 자만심을 버리고, 잠들어 있는 보편된 인성을 일깨우며 다른 삶의 조건 속으로 들어가, 그들이 남긴 모든 것에 가까이 다가서야 합니다.

이 과정에서 우리는 자신의 감성과 지성을 일깨움으로써, 전혀 알 수 없었던 다른 삶의 환경을 이해하고, 내면에 존재했지만 미처 몰랐던 풍요로운 감정을 느끼게 될 것입니다. 저는 후자 쪽이 훨씬 더 중요하다고 봅니다. 우리 삶의 현실이 제공해 줄 수 없는 경험은 이처럼 문자로 남아 있다가 아득히 먼 시공의 역사를 뚫고 나와 우리와 대화하며 새롭고 강렬한 자극을 던져 줍니다.

고전이 태어났던 전혀 다른 시공간의 차이를 인정함으로써, 우리는 어떤 감정과 감동을 느끼고 일종의 기적을 맛보게 될 것입니다. 그 순간 우리는 현실적 고려에 의해 역사를 단편적으로 취하는 태도를 버리고, 역사를 관통하는 인류 보편의 조건과 역사와 보편 사이의 접점을 발견하며, 인간의 본성과 감정에 대한 더 넓고 깊은 인식으로 나아갈 수 있습니다.

4

'중국 고전을 읽다' 시리즈는 중요한 고전을 찾아 그 책의 몇 단락을 추린 다음 꼼꼼하게 읽는 방법을 취하고 있습니다. 이를 기초로 고전 전체의 기본 틀을 드러내고, 책과 그것이 탄생한 시대의 관계를 설명하려 합니다.

오늘날 전해지는 중국 고전의 규모는 참으로 어마어마해서 모든 고전을 처음부터 끝까지 다 읽는 것은 불가능합니다. 그래서 저는 고전 가운데 독자들이 쉽게 공감할 만한 내용을 고르는 한편, 가장 이질적인 정보를 전달할 수 있는 내용을 선택함으로써 독자들이 시공간을 뛰어넘는 신선하고 신기한 경험을 얻을 수 있도록 노력했습니다. 저는 첫 번째 방법으로 다음과 같은 효과를 기대합니다. "오! 저자의 말이 정말 그럴듯한데?" 두 번째 방법으로는 다음과 같은 반응을 바랍니다. "어? 이런 생각을 하는 사람이 다 있네!"

고전을 읽고 해석할 때 생각해야 할 몇 가지 기본 문제가 있습니다. 이 작품은 어느 시대, 어떤 환경에서 태어났을까? 당시의 독자들은 이 작품을 어떻게 읽고 받아들였을까? 왜 이런 내용이 고전이라 불리면서 오랫동안 변함없이 전해졌을까? 이 작품이 지닌 힘은 다른 문헌이나 사건, 사상 등에 어떤 영향을 끼쳤을까? 앞선 고전과 뒤따르는 고전 사이에는 어떤 관계가 있을까?

이 질문들은 어떤 고전 판본을 고를지 결정하는 기준이 되기도 합니다. 첫 번째 원칙은 가장 기원이 되며 본연에 가까운 판본을 고르는 것입니다. 역사와 선례를 중시하고 강조하는 전통 문화 가치에 따라, 하나의 고전에는 수많은 중국의 저작과 저술이 덧붙었습니다. 『사고전서』四庫全書에 수록된 3천 5백여 종의 서적 가운데 『논어』論語를 해석한 저작과 저술은 무려 100여 종이 넘습니다. 이 가운데 중요하거나 흥미로운 내용이 없는 것은 아니지만, 결국 모두 『논어』라는 고전의 부산물일 뿐입니다. 따라서 우리가 가장 먼저 골라 읽어야 할 것은 『논어』를 해석한 그 어떤 책이 아니라 바로 『논어』입니다. 『논어』는 당연히 『논어』를 부연하고 해석한 그 어떤 책보다 기원과 본연에 가깝습니다.

이 원칙에도 예외는 있지요. 중국 삼국 시대의 왕필王弼

이 주석한 『노자』老子와 위진魏晉 시대의 곽상郭象이 주석한 『장자』莊子는 불교의 개념으로 이 책들의 원래 내용을 확장하고 심화했으며, 나아가 위진 시기 이후 중국 '노장老莊 사상'의 기본 인식을 형성했습니다. 형식적으로는 부연이지만 실질적으로는 기원의 영향력을 지니는 셈입니다. 그래서 기본 텍스트로 보고 읽어야 합니다.

두 번째 원칙은 현대 중국어로 읽을 수 있어야 한다는 것입니다. 어떤 책들은 중국 역사를 이야기할 때 반드시 언급해야 할 정도로 중요합니다. 예를 들어 『본초강목』本草綱目은 중국 식물학과 약리학의 기초를 이루는 책으로 무척 중요하지요. 하지만 오늘날의 독자들에게 이 책은 어떻게 읽어 나가야 할지 너무도 막막한 대상입니다.

다른 예를 하나 더 들겠습니다. 중국 문학사에서 운문이 변화하는 과정을 이야기할 때는 언제나 한나라의 부(한부漢賦), 당나라의 시(당시唐詩), 송나라의 사(송사宋詞), 원나라의 곡(원곡元曲) 등을 꼽습니다. 당시나 송사, 원곡이라면 읽을 수 있겠지만, 한부를 어떻게 읽을 수 있을까요? 중국 문자가 확장하고 발전해 온 역사에서, 한부는 매우 중요한 역할을 맡았습니다. 한나라 사람들은 외부 세계와 문자 사이의 서로 다른 대응 관계를 인식하기 시작했고, 수많은 사물과 현상에 상응하는 어휘를 기록하고 전달하는 데 어려움을 겪었지요. 그 때문에 어휘의 범주를 있는 힘껏 넓히고, 갖은 방법으로 복잡한 외부 세계의 눈부신 풍경을 모두 기록해 내려는 충동이 생겨났습니다. 따라서 한부는 일종의 '사전'과 같은 성격을 띱니다. 최대한 복잡하고 다양한 어휘를 사용해 인간이 알고 있는 모든 것을 요란하게 과시하는 장르이지요.

겉으로는 유려한 묘사로 내용을 전달하는 문학 작품처럼 보일지라도, 한부는 사실 새로운 글자를 발명하는 도구에 가까웠습니다. 보기만 해도 신기한 수많은 글자, 남들이 잘 쓰지 않는 기발한 글자를 늘어놓는 것이 한부의 참목적입니다. 글이 묘사하고 서술하는 것이 장원莊園의 풍경이든 도시의 풍경이든, 그것은 허울에 불과합니다. 장원에 대한 한부의 묘사나 서술은 풍경을 전하거나 그로 인해 일어나는 인간의 감정을 표현하는 데 뜻을 두지 않습니다. 한부는 이런 묘사와 서술을 통해 정원이라는 외부 세계에 속하는 모든 대상에 일일이 이름을 붙입니다. 한부 작품에 등장하는 이루 헤아릴 수 없이 많은 명사는 눈앞에 보이는 모든 대상 하나하나에 새롭게 부여한 이름입니다. 한부에 존재하는 수많은 형

용사는 서로 다른 색채와 형상, 질감과 소리 등을 분별하기 위해 새로이 발명한 어휘지요. 상대적으로 동사는 그리 많지 않습니다. 한부는 무척 중요하고 소개할 만한 가치가 있으며 새롭게 알 필요가 있는 장르이지만 막상 읽기는 쉽지 않습니다. 읽는다 해도 도무지 재미가 없어요. 한부를 읽기 위해서는 글자 하나하나를 새로이 배우고 그 글자의 뜻을 새삼 되새겨야 하는데, 그럼에도 글을 읽고 나서 얻는 것은 그리 많지 않습니다. 초등학생이나 중학생들의 국어 경시대회와 비교할 수 있겠습니다.

마지막으로 세 번째 원칙이 있는데, 이는 저 개인의 어쩔 수 없는 한계에서 비롯된 것입니다. 저는 저 자신이 읽고 이해할 수 있는 고전을 고를 수밖에 없습니다. 예를 들어『역경』易經은 지극히 중요한 책이지만, 제가 가려 뽑은 고전 범주에 들지 않습니다. 예로부터 지금까지『역경』에 대해 그토록 많은 해석이 있었고, 지금도 계속해서『역경』에 대한 새롭고 현대적인 해석들이 나오고 있지만, 저는 아무래도 그 사상 세계로 들어갈 수가 없습니다. 저는 그와 같이 인간의 길흉화복을 점치는 방식에 설득되지 않으며, 도대체 무엇이 본연의『역경』이 규정하고 전승하려던 의미였는지 판단할 수 없고, 무엇이 후대에 부연되고 수식된 내용인지 가려낼 수 없기 때문입니다. 역사적 독법의 원칙에 따르자면, 저는 『역경』을 논할 능력이나 자격이 없습니다.


5

'중국 고전을 읽다'에서 저는 다만 책을 읽는 데 그치지 않고 몇 단락씩 꼼꼼히 들여다보려 합니다. 중국 고전은 책마다 분량의 차이가 적잖이 존재하고 난이도의 차이도 크기 때문에, 반드시 이 두 가지를 잘 헤아려 읽을 내용을 결정해야만 합니다.

저는 고전의 원래 순서도 내용의 일부이고, 문단과 문장의 완전함도 내용의 일부라고 생각합니다. 책의 순서에 의미가 없음을 확신할 만한 이유가 있거나 특별하게 대비시키려는 의도가 아니라면, 저는 최대한 고전이 지닌 원래의 순서를 깨뜨리지 않으려고 했으며, 최대한 완전한 문단을 뽑아 읽으며 함부로 재단하지 않았습니다.

강의 내용을 책으로 바꿀 때는 시간과 분량의 제한을 받기 때문에, 꼼꼼한 독해는 아마도 아주 짧은 단락에 그칠 것입니다. 하지만 여러분은 이를 통해 고전 속으로 들어가는 일에 차차 익숙해질 것입니다. 나아가 저는 여러분이 고전을 가깝게 느끼게 되어 책의 다른 부분을 스스로 찾아 읽었으면 하고 바랍니다. '중국 고전을 읽다'는 고전이 지닌 본연의 모습과 방식을 더듬어 여러분이 스스로 고전에 다가가는 기초를 닦도록 도울 것입니다. 이 책은 고전을 읽고 이해하는 데 중요한 첫걸음이 될 것입니다.

# 1

## 도통에서 벗어난 기서

### 종횡가 책사들의 기록

『전국책』戰國策은 내력이 불분명한 책입니다. 이 책에는 전국시대에 벌어진 사건들이 기록되어 있지만 전해지는 판본은 기껏해야 서한西漢의 유향劉向까지 거슬러 올라갈 수 있을 뿐이지요.

유향은 기원전 1세기에 『전국책』의 정리와 교정을 마친 뒤 한 편의 서문을 썼습니다. 그것은 사실 교정을 마친 책을 황제에게 바치면서 덧붙인 설명의 글이었습니다.

교정한 『전국책』은 본래 황실 서고에 마구 흐트러져 있었습니다. 또 나라별로 기록된 것이 8편이었는데 분량이 적고 불완전했습니다. 신은 이 나라별로 기록된 것에 근거해 책들을 대략 연대순으로 정리하였고, 아무 순서도 없는 것은 따로 분류해 보충하면서 중복되는 부분은 삭제하여 33편을 얻었습니다. (……) 서고에 있던 책의 본래 이름은 『국책』國策, 『국사』國事, 『단장』短長, 『사어』事語, 『장서』長書, 『수서』修書 등이었지만, 이것은 전국시대 유사들이 자신을 등용한 나라를 보좌하며 세운 책략이어서 신은 마땅히 『전국책』이 제목이 돼야 한다고 생각했습니다.

所校中『戰國策』, 中書餘卷, 錯亂相糅莒. 又有國別者八篇, 少不足. 臣向因國別者略以時次之, 分別不以序者以相補, 除復重, 得三十三篇. (……) 中書本號或曰『國策』, 或曰『國事』, 或曰『短長』, 或曰『事語』, 或曰『長書』, 或曰『修書』, 臣向以爲戰國時遊士輔所用之國, 爲之策謀, 宜爲『戰國策』.

앞의 글에서 우리는 유향이 한나라 황실의 서고에서 내용은 비슷하지만 이름은 각기 다른 여러 판본을 발견했으며, 심혈을 기울여 그 판본들의 내용을 나라별로 편집하고 같은 나라에서 일어난 사건은 시간 순서대로 배열해 33편으로 확정하는 한편, 이름은 새롭게 『전국책』이라고 지었음을 알 수 있습니다.

『전국책』이라고 이름을 지은 것은 그 글들의 성격에 관한 유향의 판단과 관련이 있습니다. 그는 기록된 것이 주로 전국시대 군주들에게 등용된 유사遊士*들이 제시한 책략과 계획이라고 생각했습니다. 그래서 본래의 명칭 중 하나인 『국책』에, 그 특정 시대(전국시대)에 주목해 한 글자를 덧붙여 『전국책』으로 정했지요.

서문에서 유향은 그다음으로 『전국책』의 시대적 범위에 관해 "춘추시대 이후부터 초한楚漢의 시작까지 245년간의 일이다"其事繼春秋以後, 訖楚漢之起, 二百四十五年間之事라고 분명하게 기술했습니다. 유향이 말한 이 범위는 진나라 통일 이후까지 걸쳐 있긴 하지만, 기존 판본을 검토하면 기록된 것이 거의 진나라가 육국六國을 멸하기 전까지의 일이어서 일반적으로 인정하는 '전국시대'에 속합니다.

『한서』漢書 예문지藝文志는 『전국책』을 '사부'史部에 집어넣었습니다. 하지만 송나라 조공무晁公武의 『군재독서지』郡齋讀書志에서는 『전국책』을 '자부종횡가'子部縱橫家 부류에 넣었습니다. 『군재독서지』는 현존하는 중국 최초의 개인 장서 목록인데, 소장 도서를 '경'經, '사'史, '자'子, '집'集으로 분류하고 배열했습니다. 그리고 송대 이후로 『전국책』을 '사서'史書로 봐야 하는지, 아니면 종횡가의 말을 기록한 '자서'子書로 봐야 하는지에 관한 숱한 논의가 이어졌습니다.

지금 우리는 『전국책』을 사부와 자부 중 어느 부류에 고정적으로 집어넣어야 할지 굳이 따질 필요는 없습니다. 하지만 『군재독서지』가 왜 전통적인 분류 습관을 바꿔 『전국책』을 자부에 옮겨 놓았는지는 탐구하고 이해할 만한 가치가 있습니다.

우선 들 수 있는 이유는 『전국책』의 체제와 관련이 있습니다. 이 책의 체제는 확실히 독자가 역사의 변화를 분명히 이해할 수 있게 설계되지는 않았습니다. 유향이 편집하고 교정한 뒤로 『전국책』은 기본적으로 나라별로 편들이 나뉘고 각 편의 사건은 대체로 발생 순서대로 배열되었습니다. 하지만 첫째, 절대 다수의 역사적 사실이 오직 한 나라와만 관련 있는 것은 아니며 또한 나라별로 분리된 각 편들이 서로 쉽게 연결되지도 않습니다. 둘째, 사건과 사건 간의 인과관계, 나아가 한 나라의 비교적 긴 역사적 발전 맥락에 대한 관심과 정리가 전무합니다.

『전국책』과 『사기』史記 세가世家에 담긴 동주東周 각국 역사의 전승과 변화에 관한 묘사를 대조해 보면 명확한 인상을 얻을 수 있습니다. 『사기』는 역사의 이해를 돕는 '사서'이지만 『전국책』은 그렇지 않지요.

그러면 『전국책』은 무엇일까요? 형식 면에서 『전국책』은 전국시대에 벌어진 수많은 복잡한 사건을 하나하나 기록한 문헌입니다. 또 내용과 정신 면에서 『전국책』에 선정되어 기록된 것은 각 나라와 관련해 중대한 변화의 의미가 있었던 사건이라기보다는 각 나라의 정치와 군사에 대한 종횡가 책사들의 유세와 그 영향으로 보입니다.

이 점에서는 『군재독서지』가 옳습니다. 『전국책』의 주인공은 나라와 군주 혹은 역사의 변화와 발전이 아니고 바로 종횡가 책사들입니다. 『전국책』이 강조하는 포인트는 당시 유명했던 종횡가들의 말과 행동을 남겨 그들이 얼마나 세력이 컸고 또 얼마나 중요했는지 보여 주는 것입니다.


## 도통에서 벗어난 기괴한 웅변

당송팔대가唐宋八大家 중 한 사람인 송대의 증공曾鞏은 「전국책 서序」라는 글에서 『전국책』을 공자와 맹자의 가르침과 대비한 적이 있습니다. 그는 공자와 맹자가 "시대와 변화에 맞게 당대의 법도를 정하고 그것이 선왕의 뜻을 잃지 않게"因其所遇之時, 所遭之變, 而爲當世之法, 使不失乎先王之意 했으며 "세속적인 견해에 미혹되지 않고 자신의 판단을 굳게 믿었다"不惑於流俗, 而篤於自信者也라고 했습니다. 공자와 맹자는 서주의 예악 제도를 정리해 동주의 변화에 대응함으로써 옛 제도의 정신을 잇고 새 제도를 수립했습니다.

이와 비교해 『전국책』의 기록에 대해서는 "이 책에 나오는 전국시대의 모사들은 당시 군주가 해낼 수 있는 바를 헤아려 그렇게 할 수 있게 해야 했는데, 세속에 미혹되어 자신의 판단을 믿지 못했다고 말할 수 있다"此書戰國之謀士, 度時君之所能行, 不得不然, 則可謂或於流俗, 而不篤於自信者也라고 했습니다. 그 '모사들'은 다름 아닌 종횡가의 유사들로, 그들은 군주의 심리와 태도를 가늠해 그의 생각에 영합하는 주장을 제시함으로써 신뢰를 얻고 자신의 의견을 채택하게 했습니다. 그 유사들은 말은 청산유수로 잘했지만 실제로는 공자와 맹자가 가졌던 내적 자신감은 부족해 끊임없이 남의 눈치를 살피고 상대하는 사람에 따라 말을 바꿨습니다.

증공은 또 말하길, "전국시대의 유사는 (……) 법도를 신뢰하지 않고 영합하기 좋은 말만 즐겨 했다. 그들이 신경을 쓴 것이라고는 모든 계책을 대충 만들어 내는 것뿐이었다. 그래서 속임수의 좋은 점만 논하고 그 폐단은 얘기하기를 꺼렸으며, 또 전쟁의 좋은 점만 말하고 그 우환은 얘기하기를 피했다. 유사의 계책을 듣고 연이어 행한 사람들은 이익이 없지는 않았지만 해로움만 못했고, 얻은 것이 있었지만 잃은 것만 못했다"戰國之游士(……)不知道之可信, 而樂於說之易合. 其設心注意, 偸爲一切之計而已. 故論詐之便, 而諱其敗; 言戰之善而避其患. 其相率而爲之者, 莫不有利焉, 而不勝其害也. 有得焉, 而不勝其失也라고 했습니다.

전국시대의 그 유사들은 마음속에 절대적인 가치나 신념 따위는 없었고, 시비의 기준과는 무관하게 군주를 설득하기에 용이한 책략만 택해 이야기했습니다. 그래서 그들의 표현 방식은 자연히 편파적일 수밖에 없었는데, 책략의 유리한 면만 부각시키고 혹시 뒤따를 수 있는 후유증은 고의로 은폐했습니다. 그 결과, 전국시대 유사들의 책략을 택해 실행하면 그 후유증과 대가가 표면적인 성과를 훨씬 넘어서곤 했습니다.

증공의 견해는 유가적 '도통'道統*의 입장에서 비롯되긴 했지만, 오늘날 『전국책』을 읽을 때에도 염두에 둘 만한 깨우침을 준다고 할 수 있습니다. 『전국책』의 가장 훌륭한 부분은 모사와 유사의 설득력 있는 언변입니다. 그들이 한 말

---

* 유가에서 도를 전수하는 맥락과 계통.

을 보면 우리는 이치에 맞는다고 생각하기 쉽습니다. 하지만 곰곰이 생각하면 그 이치는 그리 견고하지 못한 두 가지 기초 위에 세워져 있음을 알 수 있습니다.

첫째, 다른 사람들이 모두 정상적인 이치에 따라 사고하고 판단하면 모사와 유사의 기괴한 계책은 소정의 목적을 달성할 수 있습니다. 그러나 모든 사람이 혹은 적어도 대부분의 사람이 똑같이 기괴한 생각을 갖고 기괴함으로 기괴함에 맞선다면 반드시 생각했던 만큼의 효과를 발휘할 수는 없을 것입니다.

둘째, 모사와 유사의 기본적인 변론의 기교는 한편으로는 장점을 확대하고 다른 한편으로는 혹시 뒤따를지 모르는 단점을 은폐하는 것입니다. 만약 공정한 평가를 위해 이해득실을 전부 눈앞에 펼쳐 보인다면, 그 이익은 손해보다 꼭 커 보이지는 않을 것이고 그 소득 역시 꼭 손실을 메울 수 있을 것처럼 보이지는 않을 겁니다. 따라서 그들의 변론에 눈이 멀어 구체적인 현실의 조건을 따지는 데에 소홀했다면 심각한 결과를 초래할 수도 있었겠지요.

다른 시각으로 보면 증공의 서문은 역시 『전국책』에 대한 전통적인 평가를 대표합니다. 동주가 겪은 변화의 핵심은 서주의 봉건 질서와 그와 관계된 문화적 가치의 점진적인 와해와 붕괴였습니다. 『전국책』에 기록된 것은 가장 혼란하고 가장 타락했던 바로 그 시대였습니다. 그 시대에는 봉건 질서와 그 문화적 가치가 파괴되어 거의 존재하지 않았으며, 새로운 통일제국의 원칙도 아직 형성되지 않은 상태였습니다. 그래서 절대적인 옳고 그름에 대한 신념이 없는 이들이 고도의 변론술을 무기로 일세를 풍미하며 그 시대의 스타와 영웅이 되었습니다. 또한 그들의 행적과 기상천외한 이야기는 일반인들을 옛 질서에서 멀어지게 했으며, 심지어 더 이상 모든 질서를 믿지 못하게 만들었습니다.

### 특수한 시대의 특수한 꿈

전국시대의 유사와 모사는 봉건 신분제 붕괴의 상징인 동시에 그 산물이기도 했습니다. '사'士 이상의 귀족 신분이 아닌 사람도 공자 이후에는 교육의 기회를 얻어 국정을 이해하고 국정에 관여하는 수완을 배울 수 있었습니다. 또 '대부'大夫 이상의 귀족 신분이 아닌 사람도 군주를 만나 군주에게 의견을 제시할 수 있고, 나아가 가장 높은 직위를 얻을 수 있었습니다.

유사와 모사는 춘추시대부터 전국시대까지 경천동지할

사회적 변화를 겪고 구현했습니다. 이 시대에 똑똑하고 유능하고 언변이 좋은 사람은 일개 평민에서 한 나라의 가장 높은 재상으로 드라마틱하게 올라설 수 있는 기회를 짧은 인생에서 잡을 수 있었습니다. 심지어 소진蘇秦처럼 더 과장되고 불가사의한 예도 있었습니다. 그는 과거의 '경'卿, '대부' 같은 높은 귀족도 이루지 못한, 여러 나라의 재상 인장을 한꺼번에 손에 넣는 쾌거를 이뤘습니다.

전국시대 종횡가의 최고 목표는 바로 재상이 되는 것이었습니다. 그들이 유일하게 손에 넣을 수 없었던 것은 여전히 혈연에 의해 계승되던 군주의 지위뿐이었습니다. 그래서 한 나라에서 군주 다음으로 높은 자리를 목표로 삼은 겁니다. 소진이 여러 나라에서 재상으로 봉해진 것은 또한 그런 정치적 야심이 국경의 제한도 받지 않았음을 설명해 줍니다. 이 나라에서 태어났어도 손쉽게 다른 나라에 가서 재상의 꿈을 추구할 수 있었던 것은 그 시대가 보통 사람들에게 제공해 준 또 다른 특수한 기회이자 특수한 자유였습니다.

『전국책』은 그런 혼란한 시대를, 그리고 그 시대에만 일어날 수 있었던 극단적인 사례를 담고 있습니다. 『전국책』이 전국시대의 전모를 보여 주지는 않습니다. 『전국책』의 내용이 당시 각국 정치의 일상적인 상황이었다고 생각하면 안 됩니다. 하지만 『전국책』은 그 시대에만 출현할 수 있었던 사람과 사건을 구체적으로 도드라지게 표현했습니다.

『전국책』을 통해 우리는 그 2백 년이 중국 역사에서 얼마나 특별했는지 분명하게 확인할 수 있습니다. 중국은 역사적으로 수많은 난세가 있었지만 어떤 난세도 전국시대만큼 길지는 않았고, 또 정치적 기회가 그토록 많은 이에게 개방되지도 않았으며, 나아가 언어와 문자의 표현이 그토록 놀랄 만큼 변화하고 발전하지도 않았습니다.

『전국책』을 읽으면서 우리는 각국이 1~2백 년간 서로 맞서 싸운 그 시대적 배경을 계속 염두에 둬야 합니다. 그 배경 아래 각 나라의 군주는 하나같이 생존을 위한 고도의 긴장 속에서 가장 좋고 가장 훌륭한 부국강병의 계책을 놓칠까 두려워했습니다. 이로 인해 지식인이면 누구나 기탄없이 시사를 논하는 분위기가 조성되어 광범위하고 활기 넘치는 언론 시장이 형성되는 한편, 사람들은 격렬한 언론 경쟁 속에서 국정 운영에 관한 다양하고 참신한 아이디어를 찾아내려 했습니다. 사람들은 누구나 군주를 만날 수 있었지만, 그런 까닭에 군주를 만나 자신의 인상을 남길 기회는 그런 경쟁 때문에 희귀해져 버렸습니다. 그래서 말을 잘하느냐 못하느냐가 의견 자체와 마찬가지로 중요해졌고, 심지어 더 중요하고 더 핵심적인 결정적 요소가 되었습니다.

그 밖에 『전국책』, 『한비자』, 『여씨춘추』呂氏春秋 세 권을 동시에 대조해 가며 읽으면 전국시대의 사상을 더 깊이 더 넓게 인식할 수 있습니다. 후대에 계속 전승된 유가와 도가 외에, 다시 말해 우리에게 비교적 친숙한 『맹자』, 『순자』, 『장자』, 『노자』 외에 다른 사상도 전국시대에는 유행했습니다. 『전국책』에 기록된 종횡가, 『한비자』에 기록된 법가, 『여씨춘추』에 기록된 음양가는 그 시대에 유가와 도가만큼이나 중요했고 나란히 경쟁을 벌였습니다.

전국시대의 백가쟁명에 관해 기본적인 인식을 갖고 그 시대의 다원성을 진정으로 느끼는 동시에 훗날 그 다원성이 점차 사라지고 일원화를 향해 변화한 것까지 이해한다면, 우리는 적어도 다른 학파들이 남긴 대표적인 문헌을 공평하고 객관적으로 인식할 수밖에 없을 겁니다. 그래서 『맹자』, 『순자』, 『장자』, 『노자』를 읽는 것과 똑같이 진지한 자세로 『전국책』, 『한비자』, 『여씨춘추』를 세심히 읽을 수밖에 없을 겁니다.

창업과 패망의 시대

## 어떻게 구정을 옮길 것인가

현존하는 『전국책』 판본의 제1편은 동주이고 제2편은
서주이며, 그다음은 진秦·제齊·초楚·조趙·위魏·한韓·연燕·
송宋·위衛·중산中山으로 이어집니다.

유향의 편집과는 상관없이 이 순서는 확실히 『전국책』
이 편집된 한나라 시기의 가치 평가를 반영합니다. 동주와
서주를 맨 앞에 놓은 것은 명분상 그 두 곳이 천자가 있던 곳
이기 때문입니다. 하지만 동주와 서주는 오늘날 우리가 습관
적으로 부르는 왕조 이름이 아니라, 전국시대에 와서는 가

까스로 존재하게 된 두 소국小國을 가리키는 이름입니다. 춘추시대까지도 주 천자의 조정은 여전히 존재했습니다. 단지 제후들을 호령하는 현실적인 힘이 없었을 뿐이지요. 그러나 전국시대에 와서는 천자의 조정까지 사라져 넓은 의미의 큰 '주'는 아무 내용 없는 텅 빈 이름으로 남았습니다. 본래의 천자 직할지도 몇 차례의 변화를 거쳐 동주와 서주라는 두 소국으로 나뉘었습니다. 전국시대의 현실 정치에서 동주와 서주는 거의 영향력이 없었습니다. 단지 명분상 다른 나라들과는 다른 지위를 애매하게 갖고 있었을 따름이지요.

동주와 서주 뒤에 나오는 각국의 배열 순서는 기본적으로 그 나라들의 힘의 강약과 멸망한 시점에 따라 정해졌습니다. 강한 나라일수록, 또 늦게 망한 나라일수록 앞쪽에 배치되었습니다. 이런 안배는 확실히 전국시대 사람의 머릿속에서 나왔을 리 없습니다. 전국시대의 결말을 잘 이해해, 진나라가 최후의 승자였고 제나라와 초나라가 마지막까지 버티다 망한 두 나라임을 아는 사람만 이런 순서를 정할 수 있기 때문입니다.

『전국책』은 첫머리에서 그 시대의 역사적 변화의 가장 주된 방향, 즉 주나라의 쇠락과 진나라의 흥기를 밝혔습니다. 그 부분의 표제는 '진나라가 군사를 일으켜 주나라에 이르러 구정九鼎*을 요구했다'秦興師臨周而求九鼎입니다. 천하에 군림하던 주 천자의 지위를 상징하는 '구정'은 당시 동주가 보관하고 있었습니다. 그런데 어느 날 신흥 대국 진나라가 그 보물을 자기 것으로 만들려는 야심을 가진 겁니다.

진나라가 출병까지 해서 동주를 압박한 데에는 특별한 목적이 있었습니다. 동주는 소국이어서 국가 간 전투 전략에 비춰 보면 사실 진나라가 그렇게 요란을 떨 필요까지는 없었습니다. 그런데도 그때 진나라가 군대를 파견한 것은, 동주가 갖고 있던 구정을 내놓으라는 명확한 요구의 표현이었습니다. 동주는 당연히 진나라에 대항할 힘이 없었으므로 동주의 군주 현왕顯王은 걱정 끝에 안솔顏率에게 대책을 물어봤습니다. 안솔은 동주의 대부였을 수도 있고, 동주에 와서 군주의 신임을 얻은 유사였을 수도 있습니다. 안솔은 현왕에게 "대왕께서는 걱정하지 마십시오. 신이 동쪽에 가서 제나라의 원군을 빌리겠습니다"大王勿憂, 臣請東借救於齊라고 답했습니다. 그런데 여기에서 안솔은 동주의 군주를 '대왕'이라고 칭하여, 동주가 지위 면에서 다른 나라들과 마찬가지로 천자의 신분을 갖고 있지 않았음을 드러냈습니다.

얼마 후 안솔은 제나라에 가서 제선왕齊宣王에게 말했습니다.

---

* 하나라의 시조 우왕이 만들었다는 아홉 개의 정(鼎). 정은 발이 셋, 귀가 두 개 달린 귀한 솥이다. 구정은 하나라, 상나라, 주나라로 계속 전승되며 왕조의 정통성을 상징했다고 한다.

41

"진나라는 정말 무도합니다. 군대를 일으켜 주나라를 압박하며 구정을 내놓으라고 하는군요. 이에 주나라의 군주와 신하들이 온갖 계책을 궁리하다 결정했습니다. 구정을 진나라에 주느니 차라리 귀국에 넘기는 것이 낫다고 말입니다."夫秦之爲無道也, 欲興兵臨周而求九鼎, 周之君臣內自盡計, 與秦, 不若歸之大國.

이 말은 만약 제나라가 출병하여 진나라를 막아 준다면 동주는 구정을 제나라에 넘기겠다는 뜻이었습니다. 안솔은 또 이런 말도 했습니다.

"만약 위기에 처한 나라를 구해 주면 좋은 평판을 얻으실 수 있습니다. 그리고 구정 같은 보물도 얻으실 수 있고요. 대왕께서는 이를 도모해 보시기 바랍니다."夫存危國, 美名也; 得九鼎, 厚寶也, 願大王圖之.

제선왕은 귀가 솔깃해서 당장 명을 내려 진신사陳臣思로 하여금 5만의 병력을 이끌고 동주를 구하러 가게 했습니다. 이에 제나라와의 정면충돌을 원치 않았던 진나라는 군대를 철수했습니다.

하지만 일은 여기서 끝나지 않았습니다. 이번에는 제나라 장수가 구정을 달라고 했고, 주나라 군주는 또 걱정이 되었습니다. 그러자 안솔은 전과 똑같이 "대왕께서는 걱정하지 마십시오. 신이 동쪽에 가서 해결하겠습니다"라는 말로 또 그를 안심시켰습니다. 본래 구정을 주겠다는 조건으로 제나라의 원군을 불러들였으니 동주는 꼼짝없이 구정을 내놓아야 할 처지였습니다. 그런데 안솔은 무슨 계책이 있는지 다시 제나라로 건너가 제선왕에게 물었습니다.

"주나라는 귀국의 의로움에 힘입어 군신과 부자가 서로 보전하게 되었으니, 바라옵건대 구정을 바치고자 합니다. 그런데 귀국이 어느 길을 따라 구정을 가져갈지 모르겠습니다."周賴大國之義, 得君臣父子相保也, 願獻九鼎. 不識大國何塗之從而致之齊.

제선왕은 이렇게 답했습니다.

"과인은 양梁나라로부터 길을 빌릴 것이다."寡人將寄徑於梁.

제선왕은 위魏나라로부터 길을 빌리려 했습니다. 위나라는 위혜왕魏惠王 때 진나라의 압박을 피하려고 수도를 대량大梁으로 옮겨 따로 양나라라는 이름으로 불렸습니다. 사실 동주에서 제나라로 가는 가장 빠른 길이 위나라를 가로지르는 것이었습니다. 그런데 안솔은 대뜸 고개를 젓습니다.

"안 됩니다. 양나라 군신은 구정을 얻으려고 휘대暉臺 아래와 소해少海 위에서 모의한 지 오래되었습니다. 구정이 양나라로 들어가면 필히 나오지 못할 겁니다."不可. 梁之君臣欲得九鼎, 謀之暉臺之下, 少海之上, 其日久矣, 鼎入梁, 必不出.

이처럼 안솔은 위나라가 오랫동안 구정을 노려 왔기 때문에 구정을 옮기다 빼앗길 수도 있다고 경고합니다. 이때 그는 일부러 위나라의 유명한 전각과 연못인 '휘대'와 '소해'를 거론해 위나라의 국력을 강조했습니다. 위나라는 소국인 동주와 달리 휘대나 소해 같은 곳을 만들 만한 능력이 있는 강국이므로 제나라 같은 대국에도 맞설 수 있다는 것이었습니다.

제선왕은 이 말에 수긍하고 "그러면 과인은 초나라로부터 길을 빌릴 것이다"라며 다른 길을 택하려 합니다. 하지만 이번에도 안솔은 고개를 젓습니다.

"안 됩니다. 초나라 군신은 구정을 얻으려고 엽정葉庭 안에서 모의한 지 오래되었습니다. 구정이 초나라로 들어가면 필히 나오지 못할 겁니다."不可. 楚之君臣, 欲得九鼎, 謀之於葉庭之中, 其日久矣. 若入楚, 鼎必不出.

길을 바꾸면 남쪽으로 가서 초나라를 지나 다시 제나라로 올라오게 됩니다. 그런데 이 대안에 대해 안솔은 앞의 경우와 완전히 똑같은 반응을 보입니다. 위나라도 구정을 탐내는데 초나라라고 탐하지 않을 리 없고, 초나라도 위나라와 마찬가지로 으리으리한 정원인 '엽정'*을 지을 만큼 강한 나라여서 구정을 빼앗으려 할 것이라고 말했던 것입니다.

---

* 화정(華庭) 또는 장화정(章華亭)이라고도 불림.

위나라 쪽으로도, 초나라 쪽으로도 못 가면 다른 길이
또 있었을까요? 아마 없었나 봅니다. 이번에는 제선왕이 안
솔에게 되묻습니다.

"과인이 어느 길을 따라 구정을 제나라로 가져와야 하는
가?"寡人終何塗之從而致之齊?

안솔은 이렇게 답했습니다.

"저희도 대왕을 위해 몰래 그 일을 걱정하고 있습니다.
무릇 정鼎이라는 것은 식초 단지나 간장 병처럼 품에 숨기거
나 손에 들고 제나라로 가져올 수 없으며, 또 새가 모이거나
까마귀가 날거나 토끼가 뛰어오르거나 말이 달리는 것처럼
알아서 제나라에 오지도 못하는 것이니 말입니다."弊邑固竊爲
大王患之. 夫鼎者, 非效醯壺醬瓿耳, 可懷挾提挈以至齊者; 非效鳥集烏飛, 兔興
馬逝, 漓然止於齊者.

그러면 정은 구체적으로 어떻게 움직이고 옮겨야만 할
까요? 안솔은 또 말했습니다.

"옛날에 주나라가 상商나라를 토벌하여 구정을 얻었을
때 정 하나를 9만 명이 끌었으니 정 아홉 개(구정)를 끄는 데
만 81만 명이 필요했습니다. 여기에 호위하는 병사와 도구
나 피복을 책임지는 사람들이 또 그 숫자와 비슷하게 필요
했습니다. 지금 대왕께 그 사람들이 다 있다고 해도 어느 길

을 따라 구정을 옮기시겠습니까? 신은 몰래 대왕을 위해 그
것을 걱정하고 있습니다."昔周之伐殷, 得九鼎, 凡一鼎而九萬人輓之,
九九八十一萬人, 士卒師徒, 器械被具, 所以備者稱此. 今大王縱有其人, 何塗之
從而出? 臣竊爲大王私憂之.

이 말을 듣고 제선왕은 신경질을 냈습니다.

"그대가 여러 번 찾아오긴 했지만 내게 구정을 줄 생각
이 없었던 것 아닌가!"子之數來者, 猶無與耳!

이에 안솔은 급히 제선왕을 달랬습니다.

"저희가 어찌 감히 귀국을 속이겠습니까? 구정을 어느
길로 옮길지 빨리 결정만 해 주시면 즉시 구정을 내놓고 명
을 기다리겠습니다."不敢欺大國, 疾定所從出, 弊邑遷鼎以待命.

제선왕은 화가 좀 풀리긴 했지만 달리 어찌할 방도가 없
었습니다. 결국 안전하게 구정을 옮길 방법을 못 찾고 안솔
의 교묘한 계략대로 구정을 계속 동주에 놔두기로 했습니다.


### 시대의 분위기를 주도한 진나라

앞의 이야기로 『전국책』의 첫머리를 장식한 것은 틀림
없이 의도한 선택이지 우연은 아닐 겁니다. 그 이야기는 주
왕실의 몰락뿐만 아니라, 주 천자가 지위를 잃어 그 통제 범

위가 훗날 역사에도 거의 기록되지 않은 '동주'와 '서주'라는 소국에 국한되어 구정을 지킬 능력조차 없었음을 여실히 보여 줍니다.

그 이야기는 또한 우리가 『전국책』의 주제와 주축이 무엇인지 바로 파악하게 해 줍니다. 『전국책』의 포인트는 당시 무슨 사건이 있었는지 기록하는 데에 있지 않았습니다. 어떤 사람이 특정 사건을 특정한 방식으로 어떻게 일어나게 했는지 기록하는 데에 있었습니다. 『전국책』에는 각 편마다 모두 주인공이 있는데, 그들의 절대 다수는 유사와 모사입니다. 사건이 아니라 사람이 『전국책』이 드러내려는 포인트였던 겁니다. '사람'은 어떻게든 책략과 언변 혹은 임기응변을 통해 '사건'을 만들고 변화시켰습니다. '사건'은 '사람'과 긴밀히 연관되었는데, 반드시 한 사람 혹은 몇 사람이 계책과 언변과 임기응변으로 '사건'을 변화시켜 불가능을 가능으로 바꿔 놓아야만 『전국책』에 수록될 가치가 있었습니다.

첫 번째 이야기의 주인공은 안솔이었습니다. 그리고 안솔이 등장할 기회를 만들어 준 것은 진나라의 야심이었지요. 진나라가 마지막에 통일제국을 수립하고 주 천자의 지위를 대신한 것은 당연히 중요한 사건입니다. 그런데 전국시대에 유사와 모사가 활약한 현상도 진나라와 밀접한 관계가 있습니다.

유사와 모사를 뜻하는 단어인 '종횡가'도 진나라에서 비롯되었습니다. '종횡'은 '합종연횡'合縱連橫의 줄임말인데, '합종'과 '연횡'은 진나라의 흥기로 생겨난 두 가지 외교 전략입니다. 진효공秦孝公이 상앙商鞅을 등용해 변법變法을 실시한 뒤로 진나라는 빠른 속도로 강해져 다른 나라들에 크나큰 위협이 되었습니다. 그래서 서쪽 변방의 그 신흥 강국을 어떻게 상대하느냐가 중요한 문제로 떠올랐습니다.

'합종'은 동쪽의 여섯 나라가 힘을 합쳐 공동으로 진나라를 방어해야 한다는 주장이었습니다. 진나라가 아무리 강한들 여섯 나라가 합쳐진 힘보다 강하지는 않았지요. 당시 두 대국이었던 제나라와 초나라의 힘만 합쳐도 진나라보다는 강했습니다. 다만 제나라와 초나라는 진나라와 멀리 떨어져 있어서 진나라를 꼭 막아야 한다는 절실함이 없었습니다. 합종에 가장 관심이 많았던 나라는 진나라와 가까운 한·조·위 세 나라였지요.

'연횡'은 정반대로 동쪽의 나라들이 적극적으로 진나라와 동맹을 추진해야 한다는 주장이었습니다. 어떤 나라든 진나라와 동서를 가로지르는 동맹을 맺기만 하면 즉시 안전과 발전을 보장받을 수 있으며, 진나라의 위협을 걱정할 필요

없이 오히려 진나라의 힘을 이용해 주변 나라들과의 관계에서 우위를 차지할 수 있다고 생각했던 것입니다.

합종을 해야 할지, 아니면 연횡을 해야 할지, 이 문제가 단번에 각국의 관심의 초점이 되었고, 이 거대한 외교적 의제와 관련해 수많은 유사와 모사가 등장해서 각국 군주에게 앞다퉈 유세를 하며 서로 속고 속이는 암투를 벌였습니다.

이로써 우리는 여섯 나라를 통일하기 전에 진나라가 서쪽 변방에서 흥기한 것이 전국시대에 가장 놀랄 만한 대사건이었음을 알 수 있습니다. 현실 정치의 각도에서 보면 진나라는 전국시대의 가장 큰 변수이자 각국 군주가 자나 깨나 잊지 못하던, 절대로 피해 갈 수 없는 심리적 부담이었습니다. 진나라의 흥기가 없었다면 합종과 연횡도, 종횡가라는 명칭도, 또 그토록 요란했던 종횡가의 유세와 웅변도 없었을 겁니다.

### 유능한 신하의 비극

위앙衛鞅이 위나라에서 진나라로 도망쳐 왔는데, 진효공은 그를 재상으로 임명하고 상商 지역에 봉하여 상군商君이라 불렀다. 상군은 진나라를 다스리면서 법을 으뜸으로 삼아 시행하고, 공평무사하여 권세 있는 자라고 벌을 안 주지 않고 자신과 가까운 자라고 상을 주지 않았다. 법은 태자太子에게 까지 미쳐서 법을 어긴 태자 대신 그 사부가 경형黥刑*을 받고 코가 잘렸다. 1년 뒤에 백성들은 길에 떨어진 물건도 함부로 줍지 않았고, 병력도 크게 강해져 제후들이 두려워했다.

衛鞅亡魏入秦, 孝公以爲相, 封之於商, 號曰'商君'. 商君治秦, 法令至行, 公平無私, 罰不諱强大, 賞不私親近. 法及太子, 黥劓其傅. 朞年之後, 道不拾遺, 民不妄取, 兵革大强, 諸侯畏懼.

이 단락의 내용이 진나라가 부상하고 강해질 수 있었던 비결입니다. 위앙은 바로 상앙인데, 그는 본래 위衛나라의 공자公子로, 그의 아버지 위좌衛痤는 유사의 대열에 끼어 위혜왕(『맹자』와 『장자』에서 여러 번 언급되는 양혜왕)의 조정에서 재상을 지냈습니다. 위좌가 중병에 걸려 곧 죽게 되자 위혜왕은 그에게 후임 재상으로 누구를 추천하고 싶으냐고 물었습니다. 이때 위좌는 자신의 서자 위앙을 추천했지요. 하지만 위혜왕은 위앙이 위나라의 재상을 맡을 정도로 큰 능력이 있다고는 생각하지 않았습니다. 이때 아직 드러나지 않은 위앙의 능력을 부각시키고 싶었던 것인지 위좌가 위

---

* 얼굴에 죄명을 새겨 넣는 형벌.

혜왕에게 경고의 말을 던졌습니다.

"만약 신의 아들을 등용하지 않으실 거라면 죽이는 게 낫습니다. 혹시라도 다른 나라가 그 아이의 능력을 활용하면 위나라에 큰 위협이 될 테니까요."

위좌의 이 말 때문에 위앙은 허겁지겁 위나라에서 진나라로 도망쳤습니다.

진효공은 위앙의 능력을 인정하여 그를 재상으로 삼았을 뿐만 아니라 상이라는 지역을 봉지封地로 하사했습니다. 그래서 진나라에서 그는 상군이라 불렸고, 또 후대에는 상앙이라는 이름으로 불렸습니다.

상앙이 진나라를 다스린 핵심적인 통치술은 '법령지행' 法令至行이었습니다. 이것은 법을 모든 것의 위에, 특히 봉건적 신분 규범 위에 두는 것을 뜻했습니다. 그래서 지위가 아무리 높고 권력이 아무리 강한 사람이라도 법을 어기면 똑같이 벌을 받았습니다. 또 지위가 아무리 낮고 중심 권력과 아무런 신분적 사적 관계가 없는 사람이라도 상을 받아 마땅한 일을 하면 법의 규정에 따라 똑같이 상을 받았습니다. 이것을 가리켜 '신상필벌'信賞必罰이라고 하지요.

'법령지행'과 '공평무사'는 사실 기존의 봉건 질서와 논리를 철저히 부정하고 뒤집는 것이었습니다. 봉건 질서가 중시한 것은 '분'分이었는데, 그것은 '위분'位分, 즉 사회적 신분인 동시에 '분별'分別, 즉 차별이었습니다. 사람과 사람의 관계 그리고 시비의 판단을 모두 봉건적 종법 관계 안에서 결정했습니다. 아버지가 아들을 대하는 방식은 절대 아들이 아버지를 대하는 방식과 같지 않았습니다. 또 대부와 대부 사이의 행위 규범도 절대 경卿과 가신 사이의 행위 규범과 같지 않았습니다.

상앙은 이런 옛날 사고와 예법을 한쪽으로 밀어 버리고 새로 만든 법만 인정했습니다. 법의 지극히 높은 권위를 부각시키려고 태자의 범법 행위도 그냥 넘어가지 않았습니다. 물론 정말로 태자를 처벌할 수는 없었기에 대신 태자의 사부에게 경형을 선고하고 코를 베어 버렸습니다. 그리고 1년 뒤 진나라는 확연히 바뀌었습니다. 물건이 길거리에 떨어져 있어도 주워서 자기 것으로 삼는 사람이 없었습니다. 감히 자기 것이 아닌 물건에 욕심을 품지 못한 겁니다. 군사와 무기도 빠르게 발전하고 강해져서 다른 나라들이 전부 걱정하고 두려워할 정도가 됐습니다.

하지만 법만 인정하고 신분은 인정하지 않는 그런 정책은 사람을 너무 엄혹하게 다뤄 심한 타격을 입히는 단점이 있었습니다. 사람들을 각박하게 다루고 은혜를 베풀지 않으면서 오로지 강권으로만 복종시켰습니다.

상앙의 변법을 시행한 지 8년이 되는 때에 진효공이 중병에 걸려 죽었습니다. 죽기 전에 그는 왕위를 상앙에게 물려주려 했지만 상앙이 거절했다고 합니다. 이 부분의 원문은 '욕전상군'欲傳商君, 즉 "상군에게 물려주려 했다"이긴 한데, 당시 제후들의 관습을 감안하면 혈연관계도 없고 성도 다른 사람에게 왕위를 물려주려 했을 가능성은 매우 낮습니다. 비교적 믿을 만한 견해는 '전'傳이 아니라 '받들다', '돕다'라는 뜻의 '부'傅가 아니냐는 것입니다. 새로운 왕을 보좌할 책임과 권력을 상앙에게 주었는데 상앙이 거절했다는 것이지요. 왜 거절했는지는 상상하기 어렵지 않습니다. 과거에 그는 잔혹한 방식으로 태자를 벌하여 자신과 법의 권위를 세웠습니다. 그랬으니 태자가 어떻게 진효공처럼 그를 신뢰해 주겠습니까?

진효공이 죽고 태자가 즉위하여 진혜왕秦惠王이 되었습니다. 진혜왕이 친정親政을 시작한 지 얼마 안 되어 상앙은 정식으로 사직서를 내고 진나라를 떠나 위나라로 돌아가려 했습니다.

그런데 이때 어떤 이가 진혜왕에게 간언을 올렸습니다.

"대신의 권력이 너무 커지면 나라를 해칠 수 있고, 측근과 너무 친하게 지내면 대왕이 위험해질 수 있습니다. 지금 진나라에서는 부녀자나 아이나 입만 열면 '상군의 법'이라고 말하지 '대왕의 법'이라고 말하지 않습니다. 모두 법이 상앙에게서 나온 것이지 대왕에게서 나온 것이 아니라고 생각해, 마치 상앙이 대왕이고 대왕은 상앙의 신하인 것 같습니다. 이것만 봐도 상앙의 권력은 이미 나라를 해칠 수 있을 만큼 너무 커졌습니다. 게다가 상앙은 본래 대왕의 원수이니 대왕께서는 신중히 검토하시기 바랍니다."大臣太重者國危, 左右太亲者身危. 今秦婦人嬰兒皆言商君之法, 莫言大王之法. 是商君反爲主, 大王更爲臣也. 且夫商君, 固大王仇讎也, 願大王圖之.

진혜왕은 검토하고 나서 결정했습니다. 상앙은 위나라로 돌아갔다가 그곳에서도 환영받지 못해 다시 진나라로 돌아왔습니다. 진혜왕은 그 기회를 놓치지 않고 그를 잡아 거열형車裂刑에 처했습니다. 거열형은 사람의 사지와 목을 다섯 대의 수레에 각각 매달아 찢어 죽이는 형벌입니다. 상앙이 이렇게 비참하게 죽었는데도 진나라에서는 누구 하나 그를 동정하는 사람이 없었습니다.

"사람들을 각박하게 다루고 은혜를 베풀지 않으면서 오로지 강권으로만 복종시킨" 상앙의 방식은 아무래도 민심을 얻지는 못한 듯합니다. 그러나 역사적으로 볼 때, 그가 진나라를 위해 만든 변법 제도는 결코 폐지되지 않았습니다. 비록 상앙은 새 왕에 의해 잔혹하게 살해당했지만 말이지요. 진혜왕은 상앙 때문에 권력이 줄어든 구舊 귀족의 종용으로 상앙을 죽이기는 했지만, 금세 어떤 사실을 깨달았습니다. 백성이 일치된 법을 따름으로써 신분 차별에 뒤따르는 특권이 감소했고, 그로 인한 진정한 수혜자는 바로 군주 자신이라는 것을 말입니다. 군주가 신하와 귀족과 일정한 거리를 두고 홀로 맨 위에 있을 수 있었던 것은 상앙의 변법이 가져온 실질적인 효과 덕분이었습니다. 일단 군주가 된 뒤에는 진혜왕도 귀족과 권력을 나누던 본래의 상태로 돌아가고 싶지 않았을 겁니다.

'상앙의 법'은 '대왕의 법'이 되었지만 '법령지행'과 '공평무사'로 '신상필벌'을 확실히 하는 기본 원칙은 변하지 않았습니다. 이로 인해 진나라는 전국시대의 판도에서 두각을 나타낼 수 있었습니다.


### 사람의 일과 귀신의 일

진효공부터 진혜왕까지 진나라는 빠르게 발전해 기존 열국列國의 형세에 충격을 주고 동쪽 나라들을 위협했습니다. 바로 여기에서 새로운 외교적 견해와 주장이 나왔으며, 또 유사와 모사가 활약할 수 있는 새로운 공간이 열렸습니다.

그래서 『전국책』에서 「위앙이 위나라에서 도망쳐 진나라로 들어가다」衛鞅亡魏入秦 다음에 나오는 이야기는 「소진이 처음에 연횡을 주장하다」蘇秦始將連橫입니다. 소진은 종횡가의 시조이자 전국시대 중후기의 전기적 인물입니다. 그의 성취는 너무나 신기하고 그의 성공과 몰락은 또 너무나 드라마틱해서, 전국시대의 사료에는 그와 관련된 수많은 기록이 남아 있습니다. 하지만 그 기록을 자세히 대조해 보면 적어도 일부는 시대 배경이나 사건의 경과 면에서 그다지 신빙성이 없습니다. 그런 일이 일어났을 가능성이 별로 없거나, 아니면 시기상 그런 일이 소진과 관련 있었을 가능성이 별로 없습니다.

확실히 소진이 너무 유명했기 때문에 본래 그와는 전혀 무관한 일도 훗날 그와 관련지어졌습니다. 나아가 일부러 소진을 과장하고 신화화한 여러 견해가 곳곳에서 전승되었습니다. 그래서 우리는 그런 이야기와 견해를 역사적 사실로 오해하지 않도록 유의해야 합니다.

예를 들어 『전국책』 제책齊策 「맹상군이 진나라로 들어가려 하다」孟嘗君將入秦를 보면 이런 내용이 있습니다.

맹상군이 진나라로 들어가려 하자 만류하는 사람이 대단히
많았는데, 그는 말을 듣지 않았다. 소진도 말리려 했지만
맹상군은 "나는 이미 사람의 일은 다 알았습니다. 내가 못
들은 것은 오직 귀신의 일뿐입니다"라고 말했다.

孟嘗君將入秦, 止者千數而弗聽. 蘇秦欲止之, 孟嘗曰: "人事
者, 吾已盡知之矣, 吾所未聞者, 獨鬼事耳."

맹상군은 동쪽의 대국 제나라의 가장 중요한 공자였
습니다. 그런 인물이 멀리 진나라에 간다고 하니 당연히 많
은 사람이 위험하다며 뜯어말렸습니다. 이에 맹상군은 무척
귀찮아하며 소진에게 "그토록 많은 사람이 와서 그토록 많
은 이치를 논했으니, 나는 사람과 관계된 이치는 다 들은 셈
입니다. 귀신과 관계된 이치만 못 들었습니다"라고 말했습
니다.

맹상군은 사실 소진의 권유를 거절하려고 이 말을 한 겁
니다. 소진이 이미 왔다 간 사람들과 어떤 다른 이유를 대더
라도 자신의 마음을 바꿀 가능성은 없다는 것이었지요. 그래

서 "내가 못 들은 것은 오직 귀신의 일뿐입니다"라고 과장해서 말한 겁니다.

이에 소진은 "신은 감히 사람의 일을 얘기하기 위해서가 아니라 귀신의 일을 얘기하기 위해 왔습니다"臣之來也, 固不敢言人事也, 固且以鬼事見君라고 말했습니다. 뜻밖에도 그는 '사람의 일'과 '귀신의 일'을 대비하여 재치 있게 답한 겁니다. 이제 맹상군은 거절할 이유가 없어졌고, 아마도 소진이 무슨 '귀신의 일'을 얘기할지 무척 듣고 싶었을 겁니다. 이때 소진이 기다렸다는 듯이 이야기를 시작합니다.

"지금 신이 오는 길에 치수淄水를 건너다 진흙인형과 나무인형이 나누는 이야기를 들었습니다. 나무인형이 진흙인형에게 말하길, '너는 서쪽 기슭의 흙인데 사람이 너를 빚어 인형으로 만들었으니, 내년 8월에 비가 내려 치수가 밀려오면 망가질 거야'라고 했습니다. 그러자 진흙인형은, '그렇지 않아. 나는 서쪽 기슭의 흙이니 망가지면 서쪽 기슭으로 돌아가면 그만이야. 그런데 너는 동쪽 땅의 복숭아나무인데 사람이 너를 깎고 새겨 인형으로 만들었으니, 비가 내려 치수가 밀려와 너를 휩쓸고 가면 장차 어디로 가겠니'라고 말했습니다."今者臣來, 過於淄上, 有土偶人與桃梗相與語. 桃梗謂土偶人曰: '子, 西岸之土也, 挺子以爲人, 至歲八月, 降雨下, 淄水至, 則汝殘矣.' 土偶曰: '不然.

吾西岸之土也, 吾殘, 則復西岸耳. 今子東國之桃梗也, 刻削子以爲人, 降雨下, 淄水至, 流子而去, 則子漂漂者將何如?'

본래 생명이 없는 진흙인형과 나무인형이 나눈 이야기를 전했으니 소진은 과연 '사람의 일'이 아닌 '귀신의 일'을 얘기한 것이 맞긴 합니다. 하지만 이내 그는 '사람의 일'로 화제를 옮깁니다.

"지금 진나라는 사방에 요새가 있어서 호랑이 입과도 같습니다. 전하가 진나라에 들어간다면 저는 전하가 과연 나올 수 있을지 모르겠습니다." 今秦四塞之國, 譬若虎口, 而君入之, 則臣不知君所出矣.

이 말을 듣고 맹상군은 즉시 진나라로 가는 것을 그만두었습니다.

이것은 당시 나라들의 흥망성쇠와는 무관한 작은 에피소드입니다. 『전국책』에는 이처럼 기지가 넘치는 재미있는 이야기가 많이 있습니다. 소진은 '귀신의 일' 운운한 맹상군의 농담을 순발력 있게 포착해 진흙인형과 나무인형의 대화를 지어낸 뒤, 그 대화를 빌려 한 가지 이치를 부각시켰습니다. 바로 요즘 말로 하면 '홈 어드밴티지'입니다. 여러분이 남의 집에 가면 그곳은 그 사람의 영역이어서 무슨 일이 생기든 그 사람은 '홈그라운드'의 이점을 이용해 버틸 수가 있습니다. 하지만 여러분은 아무 보장도 못 받고 어떤 도움도 요청할 수 없습니다. 이것이 바로 홈 어드밴티지가 있는 것과 없는 것의 차이지요.

1973년 창사長沙 마왕퇴馬王堆에서 출토된 백서帛書* 중에 『전국종횡가서』戰國縱橫家書가 있는데, 한나라 초기 소진과 관련된 사료를 제공해 줍니다. 그런데 이를 『전국책』의 현재 판본과 대조해 보니 일치하지 않는 점이 많았습니다. 가장 핵심적인 것은 소진과 장의張儀 두 사람의 시대가 들어맞지 않는 것이었습니다. 장의는 소진보다 30여 년 일찍 죽어서 소진이 활약한 시대에는 이미 이 세상 사람이 아니었던 것으로 나와 있었습니다. 이것이 맞다면 『전국책』의 소진 관련 기록은 대부분 신빙성을 잃게 됩니다.

「맹상군이 진나라로 들어가려 하다」의 이야기는 정말로 제나라에서 일어난 역사적 사실로 간주하기보다는 소진의 이미지에 대한 후대의 반응이라고 보는 편이 낫습니다. 소진이 종횡가의 원형적인 인물이 되는 바람에, 어떤 과장되고 재미난 이야기든 소진에게 갖다 붙이면 흡인력과 신뢰도가 높아지게 된 것이지요. 방향을 달리해 생각하더라도, 소진이 주인공으로 나오는 이야기라면 뭐든, 종횡가에 관심이 있는 독자에게 호기심과 흥미를 불러일으킬 수 있었을 겁니다.

---

* 비단에 쓴 글.

## 성왕과 현군은 전쟁을 두려워한 적이 없다

소진의 가장 중요한 활약은 『전국책』진책秦策에 실려 있습니다.

소진은 처음에 연횡을 주장하며 진혜왕에게 말했다. "대왕의 나라는 서쪽으로는 파巴, 촉蜀, 한중漢中이 부유하고, 북쪽에서는 호맥胡貉**과 대마代馬***의 쓰임이 있고, 남쪽으로는 무산巫山과 검중黔中이 험준하고, 동쪽으로는 효산崤山과 함곡관函谷關이 견고합니다. 전답은 비옥하고 백성은 부유하며 병거가 만 승乘에 군사는 백만입니다. 그리고 비옥한 천 리 들판에 갖가지 작물이 나며 지세가 뛰어나고 편리하여 이른바 천부天府****로서 천하의 강성한 나라입니다. 대왕의 현명함, 수많은 무사와 백성, 풍족한 병거와 기마, 병법 훈련에 힘입어 제후들을 겸병하고 천하를 병탄해서 칭제稱帝를 하여 다스릴 수 있으실 겁니다. 대왕께서 이에 뜻이 있으시다면 신이 그 일을 실현하겠습니다."

蘇秦始將連橫, 說秦惠王, 曰: "大王之國, 西有巴蜀漢中之力, 北有胡貉代馬之用, 南有巫山黔中之限, 東有崤函之固. 田肥

---

** 너구리.
*** 고대 중국 북방의 대군(代郡)에서 산출되던 명마.
**** 땅이 비옥하고 천연자원이 풍부한 지역.

美, 民殷富, 戰車萬乘, 奮激百萬, 沃野千里, 蓄積饒多, 地勢形
便, 此所謂天府, 天下之雄國也. 大王之賢, 士民之衆, 車騎之
用, 兵法之教, 可以併諸侯, 吞天下, 稱帝而治, 願大王少留意,
臣請奏其效."


소진은 자신이 주장하는 연횡을 실현하기 위해 진혜왕
을 만나 이와 같이 유세를 벌였습니다. 그중에 '칭제이치'稱
帝而治, 즉 황제라 칭하여 다스린다는 말이 나오는데, 이는 전
국시대 후기의 정치 동향을 반영합니다. '제'帝는 본래 상나
라 사람들이 쓰던 말인데, 이승과 저승을 넘나드는 능력을
지닌 사람을 뜻했으며 상나라 최고의 권력자를 가리켰습니
다. 사람들은 그들이 점복占卜 같은 통로로 조상의 영혼과 소
통할 수 있다고 믿었습니다. 또한 상나라의 신앙에서 최고의
권위를 가진 존재도 '천제'天帝 혹은 '상제'上帝로 불렸습니다.
주나라는 상나라를 멸한 뒤, 인간과 귀신이 상호작용하는 그
신앙과 제도를 버리고 고도의 인문적 조직으로 대체하면서
자신들의 최고 우두머리를 더 이상 '제'라고 부르지 않고 '천
자' 또는 '왕'이라고 고쳐 불렀습니다.
　　그런데 춘추시대 후기에 몇몇 대국의 제후가 참람하게
도 왕의 칭호를 사용했으며, 전국시대에 와서는 봉건제도의

전통적인 신분 등급인 '공후백자남'公侯伯子男이 완전히 효력을 잃고 모두가 왕이 되어 나라와 나라가, 또 왕과 왕이 각축전을 벌였습니다. 전국시대 후기에 이르러서는 한 걸음 더 나아가 열국의 정세를 끝장내려는 통일의 야심이 출현하여 왕보다 한 단계 더 높은, 통일 후 쓰이게 될 권력의 명칭이 필요해졌지요. 그래서 '제'를 다시 가져와 왕보다 더 높은 권력의 자리를 칭하게 된 겁니다.

그런데 소진이 진혜왕을 위해 "제후들을 겸병하고 천하를 병탄해서 칭제를 하여 다스리는" 꿈을 이뤄 주겠다고 하는데도 진혜왕은 그 호의를 받아들이지 않았습니다.

"과인이 듣기로 깃털이 다 자라지 못하면 높이 날 수 없고, 법령이 완비되지 못하면 죄수를 벌할 수 없고, 도덕이 심후하지 못하면 백성을 부릴 수 없고, 정치적 교화가 관철되지 못하면 대신들이 수고로울 일이 없다고 하였소."寡人聞之, 毛羽不豊滿者, 不可以高飛; 文章不成者, 不可以誅罰; 道德不厚者, 不可以使民; 政教不順者, 不可以煩大臣.

진혜왕은 틀림없이 기존의 격언을 인용해 이 말을 했을 겁니다. 『전국책』에는 당시 유행하던 수많은 격언이 수록돼 있습니다. 격언은 그 시대의 또 다른 특색이기도 했습니다. 웅변의 언어에서 파생된 일종의 권위적인 화술이었지요.

진혜왕은 이어서, "지금 선생이 먼 길을 마다 않고 내 조정에 와서 가르침을 주었지만 내 생각에는 다음을 기약하는 것이 좋겠소"今先生儼然不遠千里而庭教之, 願以異日라고 했습니다. 아직 진나라는 소진의 제안을 실행할 준비가 되어 있지 않다는 뜻이었지요.

이에 소진은 우선 탄식을 했습니다.

"본래 신도 대왕이 제 의견을 받아들이지 않을 것이라고 의심했습니다."臣固疑大王不能用也.

이 말은 진혜왕이 그렇게 나올 줄 그가 미리 알았고, 그래서 설득할 준비를 해 놓았다는 뜻입니다. 그 설득의 방식은 당시 사람들이 알고 있던 몇 가지 역사적 사례를 압축적으로 정리하는 것이었습니다.

이것도 전국시대 모사들이 습관적으로 사용하던 변론술입니다. 역사를 끌어들여 자신의 논점을 뒷받침하곤 했지요. 이런 변론과 설득에서 역사를 실용적으로 활용함으로써 전국시대에는 역사 지식이 크게 확대되었습니다. 역사의 계보도 전국시대 이전으로 대폭 앞당겨지게 되었지요. 모사들은 역사에 관해 진술할 때 당연히 변론과 설득의 힘을 높이는 효과에 주목했습니다. 실제 역사적 사실인지 아닌지는 크게 신경 쓰지 않고, 필요한 경우에는 축소와 왜곡과 과장을 일삼았으며, 심지어 날조를 하기도 했습니다. 따라서 오늘날 전국시대 문헌에 나오는 갖가지 사적을 검토할 때 우리는 반드시 경계와 회의의 태도를 가져야 합니다. 그것을 진짜 역사적 사실로 받아들여서는 안 됩니다.

소진은 이어서 말했습니다.

"옛날에 신농神農은 보수補遂를 토벌했고, 황제黃帝는 탁록涿鹿을 토벌해 치우蚩尤를 붙잡았고, 요堯는 환두驩兜를 토벌했고, 순舜은 삼묘三苗를 토벌했고, 우禹는 공공共工을 토벌했고, 문왕文王은 숭崇을 토벌했고, 제나라 환공桓公은 전쟁을 통해 천하의 패자覇者가 되었습니다. 이를 통해 보면 싸우지 않은 성왕聖王이 어디 있겠습니까?"昔者神農伐補遂, 黃帝伐涿鹿而擒蚩尤, 堯伐驩兜, 舜伐三苗, 禹伐共工, 湯伐有夏, 文王伐崇, 武王伐紂, 齊桓任戰而伯天下. 由此觀之, 惡有不戰者乎?

이 원문에서 핵심 글자는 '토벌하다'라는 뜻의 '벌'伐입니다. 소진은 문명 초기부터 춘추시대까지의 역사를 일련의 '벌'로 단순화시킵니다. 일련의 전쟁을 나열하여 역사의 주축이면서 역사를 바꾼 근본적인 힘이 바로 '벌', 즉 전쟁이었음을 보여 준 겁니다.

그다음에는 화려한 대구법으로 왜 '벌'이 중요하고, 또 왜 역사의 주축이 끊이지 않는 전쟁이었는지 설명하기 시작합니다.

　"옛날 군왕들은 군대를 동원하거나 말로 교섭하여 천하를 하나로 만들었습니다. 그래서 누구는 복종을 서약하고 누구는 서로 손을 잡고 더 이상 무기와 갑주를 보유하지 않았습니다. 그런데 문사들이 교묘한 말을 구사해 제후들이 혼란과 의혹에 빠지고, 온갖 분규가 한꺼번에 발생해 수습하기 어려워졌습니다. 제도가 완비됐는데도 백성은 거짓된 태도를 보이게 되었고, 법령이 많고 복잡한데도 백성은 빈곤해졌고, 군주와 신하가 서로 맞서서 백성은 의지할 데가 없어졌고, 이치를 명백히 밝히는데도 전란은 더 일어났고, 변설이 설득력이 있는데도 전쟁이 그치지 않았고, 화려하게 말을 구사하는데도 천하가 다스려지지 않았고, 침이 마르도록 얘기하고 귀가 멀도록 들어도 성과가 없었고, 의로움을 행하고 신의를 지켜도 세상 사람들은 서로 친해지지 않았습니다."古者使車轂擊馳, 言語相結, 天下爲一. 約從連橫, 兵革不藏; 文士並飭, 諸侯亂惑; 萬端俱起, 不可勝理. 科條旣備, 民多僞態; 書策稠濁, 百姓不足; 上下相愁, 民無所聊; 明言章理, 兵甲愈起; 辯言偉服, 戰攻不息; 繁稱文辭, 天下不治; 舌弊耳聾, 不見成功; 行義約信, 天下不親.

　이처럼 규정과 말만으로는 천하를 다스릴 수 없음이 명백해지자 군왕들은 다시 무력에 의지할 수밖에 없었다고 소진은 역설합니다.

"그래서 문文을 폐하고 무武를 택해 후한 보수로 죽음을 두려워하지 않는 무사를 양성하는 한편, 갑옷을 만들고 병기를 갈아 전장에서 이기려 애썼습니다."於是, 乃廢文任武, 厚養死士, 綴甲厲兵, 效勝於戰場.

이렇게 전쟁은 필수 불가결한 수단임을 자연스레 도출하고 소진은 이야기를 이어갑니다.

"그저 앉아서 이익을 얻고 영토를 넓히는 것은 오제五帝, 삼왕三王, 오패五覇 같은 현명한 군주도 늘 바랬지만 하지 못한 일이었습니다. 그래서 계속 전쟁을 해야만 했습니다. 쌍방이 멀리 떨어져 있으면 군대는 서로 공격하고 가까이 있으면 서로 창을 들어 찌른 뒤에야 큰 공을 세울 수 있습니다. 그래서 군대가 밖에서 승리를 거둬야 안에서 의로움이 강화되며, 위로는 군주의 권위가 서고 아래로는 백성이 복종하게 됩니다. 지금 천하를 병탄하고, 다른 만승萬乘*의 대국을 능가하고, 적국을 굴복시키고, 온 세상을 제압하고, 백성 위에 군림하고, 제후들을 신하로 만들고 싶으면 반드시 전쟁을 하셔야 합니다."夫徒處而致利, 安坐而廣地, 雖古五帝三王五伯明主賢君, 常欲坐而致之, 其勢不能, 故以戰續之. 寬則兩軍相攻, 迫則杖戟相撞, 然后可建大功. 是故兵勝於外, 義强於內; 威立於上, 民服於下. 今欲并天下, 凌萬乘, 詘敵國, 制

海内, 子元元, 臣诸侯, 非兵不可.

여기에서 우리는 소진이 구사하는 수사법에 주목해야
합니다. 원문을 보면 마지막 부분에서 네 글자가 연속되며
서로 호응하다, 세 글자가 연속된 후 마지막에 '비병불가'非兵
不可라는 네 글자로 강조하며 결론을 짓습니다. 이런 문구는
뜻도 뜻이지만, 소리와 리듬의 다채롭고 변화무쌍한 효과에
더 신경을 써서 듣는 사람의 주의력을 한층 끌어올립니다.

마지막으로 소진은 이렇게 자신의 말을 끝맺습니다.

"지금 자리를 이어받은 군주들은 지극한 도를 소홀히 하
고, 하나같이 교화에 어두우며, 나라를 다스림에 혼란스럽습
니다. 게다가 남의 괴이한 말에 미혹되고 교묘한 변설에 탐
닉합니다. 이런 현상을 보건대, 대왕은 제 의견을 실행하실
수 없습니다."今之嗣主, 忽於至道, 皆惽於教, 亂於治, 迷於言, 惑於語, 沈於
辯, 溺於辭. 以此論之, 王固不能行也.


**합종과 연횡은 군주의 선택에 달렸다**

소진이 "대왕은 제 의견을 실행하실 수 없습니다"라고
한 것은 정말로 진혜왕이 자신의 의견을 받아들이지 않을 것
이라고 단정했기 때문이 아닙니다. 이는 당시 변론가들이 즐

겨 사용하던 '격장지계'激將之計로, 상대방을 고의로 자극한 것에 불과합니다. 그 시대의 군주들은 혹시 좋은 건의를 놓쳐 국가 간의 경쟁에서 뒤처질까 두려워 유사와 모사를 대단히 예의 바르게 대했습니다. 그래서 유사와 모사는 군주의 심기를 건드릴까 염려하지 않고 그렇게 고의로 군주를 자극하고 건드리는 유세술을 구사했습니다.

하지만 안타깝게도 소진의 격장지계는 진혜왕에게 효과가 없었습니다. 그는 그 후로 여러 차례 글을 올렸지만(다시 진혜왕을 만날 기회를 못 잡은 듯합니다) 진혜왕은 모두 무시했습니다. 그렇게 시간이 지나면서 그가 입고 있던 검은 담비 가죽옷은 낡아 버렸고 가져갔던 돈도 바닥이 났습니다. 그는 입에 풀칠도 할 수 없는 처지가 되어 어쩔 수 없이 진나라를 떠나 집으로 돌아왔습니다. 돌아온 그의 모습은 초라하기 그지없었습니다. 각반을 차고 떨어진 신발을 신었으며 직접 책 보따리를 메고 있었습니다. 몸은 비쩍 말랐고 까맣게 탄 얼굴에는 부끄러운 표정이 가득했습니다. 집안사람들도 이런 그를 반겨 주지 않았습니다. 아내는 바느질만 계속하고 일어나지도 않았으며, 형수는 밥을 짓지도 않았고, 부모조차 말 한마디 건네지 않았습니다. 정말로 비참하기 짝이 없었지요. 이에 그는 탄식하며 말했습니다.

"아내는 나를 남편으로 안 보고 형수는 나를 시동생으로 안 보고 부모님은 나를 아들로 안 보니, 이것은 다 진나라의 죄로다!"妻不以爲夫, 嫂不以我爲叔, 父母不以我爲子, 是皆秦之罪也!

그는 자신의 비참한 처지를 진나라의 탓으로 돌렸습니다. 그래서 인생의 방향을 백팔십도 바꿔, "처음에 연횡을 주장"하던 입장에서 전환해 복수심을 품고 진나라를 적으로 돌렸습니다.

그래서 소진은 한밤중에 수십 개의 책 상자를 펼쳐 놓고 강태공姜太公의 『음부』陰符라는 병서를 찾았고, 책상에 엎드려 그것을 읽으면서 가려 뽑은 것을 세심하게 따져 보았다. 책을 읽다 잠이 오자 송곳으로 허벅지를 찔러 피가 줄줄 흘렀다. 그는 "그러게 누가 군주에게 유세를 하고서도 금옥과 비단도 못 받고 경이나 재상 같은 존귀한 지위도 얻지 못하라고 하더냐?"라고 말했다.

乃夜發書, 陳篋數十, 得《太公陰符》之謀, 伏而誦之, 簡練以爲揣摩. 讀書欲睡, 引錐自刺其股, 血流至足, 曰: "安有說人主不能出其金玉錦繡, 取卿相之尊者乎?"

그렇게 1년이 지나 스스로 공부가 끝났다고 생각한 그는 "이렇게 하면 정말로 현재의 군주들을 설득할 수 있다"此眞可以說當世之君矣라고 말했습니다. 그는 바로 오집궐烏集闕이라는 곳으로 가서 조나라 군주를 화옥산華屋山 밑에서 만났습니다. 소진의 견해를 듣고 조왕은 크게 기뻐하며 그를 무안군武安君에 봉하고 조나라 재상의 인장을 주는 동시에 병거 백 대를 딸려 보냈습니다. 그 병거에는 비단 천 필, 백옥 백 쌍, 황금 20만 냥이 실려 있었습니다.

조왕은 왜 그렇게 크게 기뻐하고, 또 왜 그렇게 많은 상을 내렸을까요? 원문에서는 '약종산횡, 이억강진'約從散橫, 以抑强秦, 즉 '합종의 체결로 연횡을 깨서 강한 진나라를 억제한다'는 소진의 건의를 그 답으로 제시합니다. 소진은 동쪽의 여섯 나라가 '합종'으로 연합 전선을 형성해, 본래 각국이 저마다 진나라와 동맹을 체결해 이뤄진 '연횡'의 형식을 깨 버림으로써 강대한 진나라를 눌러 버리자고 주장했습니다.

조왕이 재상의 인장과 많은 재물을 하사한 것은 소진이 다른 나라에도 가서 군주들에게 '약종산횡'을 유세해 설득해 주길 기대했기 때문입니다. 그렇게만 된다면 조나라는 더없이 훌륭하게 안전을 보장받을 수 있었습니다. 지리적으로 진나라에 인접해 있는 조나라는 진나라의 빠른 성장에 직접적인 위협을 느꼈기 때문입니다.


## 세 치 혀로 출세하다

소진은 짧은 기간에 엄청난 능력을 발휘했습니다. 조나라 재상의 신분으로 '약종산횡'을 추진해 동쪽의 여섯 나라가 '반진'反秦 동맹을 체결하게 함으로써 진나라의 세력을 함곡관 서쪽에 묶어 두었습니다. 그래서 어떻게 되었을까요?

그때는 그토록 큰 천하, 그토록 많은 백성, 권위 있는 왕후王侯, 권세 있는 모신들이 다 소진의 계책을 따르고자 했다. 쌀 한 말 들이지 않고, 병사 한 명 부리지 않고, 전사 한 명 싸우지 않고, 활시위 한 가닥 끊어지지 않고, 화살 한 대 부러지지 않고도 제후들이 형제보다 더 친하게 지냈다.

當此之時, 天下之大, 萬民之衆, 王侯之威, 謀臣之權, 皆欲決於蘇秦之策. 不費斗粮, 未煩一兵, 未戰一士, 未絶一弦, 未折一矢, 諸侯相親, 賢於兄弟.

단지 소진의 계책만으로 동쪽 여섯 나라가 아무 희생도

치르지 않고 우호적인 관계를 유지하게 되었습니다.

여기에서 우리는 대구법을 이용한 『전국책』의 전형적인 과장법을 확인하게 됩니다. 우선 "그토록 큰 천하, 그토록 많은 백성들, 권위 있는 왕후, 권세 있는 모신들"이 대구를 이루고, 뒤이어 또 "쌀 한 말 들이지 않고, 병사 한 명 부리지 않고, 전사 한 명 싸우지 않고, 활시위 한 가닥 끊어지지 않고, 화살 한 대 부러지지 않고"가 대구를 이룹니다. 앞의 대구는 소진의 막강했던 권력을 보여 주고 뒤의 대구는 소진이 세 치 혀만으로 이뤄 낸 기적 같은 성과를 보여 주지요.

그리고 이어서 "현인이 있어 천하가 승복했고, 한 사람이 쓰여 천하가 따르게 되었다"夫賢人在而天下服, 一人用而天下從는 과장된 표현으로 소진의 대단함을 총정리합니다. 그다음에는 기존의 격언을 인용해 무게를 더합니다. "그래서 '능력은 옳은 곳에 써야 하는데, 정치에 써야지 싸우는 데 쓰면 안 되고, 조정에서 써야지 국경 밖에서 쓰면 안 된다'는 말이 있다"故曰: 式於政, 不式於勇, 式於廊廟之內, 不式於四境之外고 말입니다.

소진은 진나라가 빠르게 강대해지는 국면에서 조나라가 준 황금과 기마로 곳곳을 누비며 자신의 지모智謀를 한껏 발휘했습니다. 그래서 진나라 이외의 나라들이 모두 자신의 견해를 따르게 하고 조나라의 지위를 크게 높여 주었습니다.

이렇게 놀라운 성취를 이룬 소진은 어떤 사람이었을까요? 그는 본래 막다른 골목에서 벽에 뚫린 구멍을 문으로 삼고, 굽은 뽕나무를 문기둥으로 삼아 살던 가난한 선비에 불과했습니다. 그런데 이런 사람이 뜻밖에 변신하여 수레를 몰고 천하를 종횡하며 군주들을 만나고, 그들의 측근이 고분고분 입을 닫게 만든 겁니다. 천하에는 그를 대적할 만한 사람이 아무도 없었습니다.

한편 그가 초나라로 유세를 가다 고향인 낙양을 지나가게 되었는데, 이번에 그가 집에 돌아갔을 때의 광경은 지난번과는 하늘과 땅 차이였습니다.

부모는 소식을 듣고서 집을 치우고, 길을 청소하고, 음악을 연주하게 하고, 술상을 준비한 뒤 30리 성 밖까지 마중을 나갔다. 그의 아내는 눈도 마주치지 못한 채 그의 말에 귀를 기울였고, 형수는 바닥을 설설 기면서 연신 절하며 용서를 빌었다.

父母聞之, 淸宮除道, 張樂設飮, 郊迎三十里, 妻側目而視, 傾耳而聽, 嫂蛇行匍伏, 四拜自跪而謝.

이에 대해 소진은 어떻게 반응했을까요? 그가 형수에게 물었습니다.

"형수님, 전에는 오만하시더니 지금은 왜 비굴하십니까?" 嫂, 何前倨而後卑也?

그러자 형수가 말했습니다.

"삼촌의 지위가 존귀해지고 돈도 많아져서이지요." 以季子之位尊而多金

이에 소진은 탄식합니다.

"아아, 가난할 때는 부모도 자식 취급을 안 하더니, 부귀해지니 친척도 두려워하는구나. 사람이 세상에 살면서 권세와 부귀를 무시할 수 있겠는가!" 嗟乎! 貧窮則父母不子, 富貴則亲戚畏惧. 人生世上, 勢位富貴, 蓋可忽乎哉!

소진의 이 이야기는 전국시대의 특수한 가치관을 선명하게 보여 줍니다. 우선, 소진이 진혜왕을 만났을 때 설파한 그 일련의 이치는 봉건적 종법 제도의 모든 규정을 철저히 부정하고 전쟁이 모든 것을 결정한다고 주장하는 무력지상주의였습니다.

둘째, 진혜왕을 설득하는 데에 실패한 소진은 집에 돌아와 강태공의 『음부』를 연구한 끝에 이전 주장과는 상반된 입장을 택합니다. 다시 말해 "처음에 연횡을 주장"하던 입장을 백팔십도 바꿔 합종의 가장 중요한 실천자가 됩니다. 전국시대의 유사는 원칙을 따지지 않았고 신념도 없었으며, 오직 "금옥과 비단을 받고 경과 재상 같은 존귀한 지위를 얻기" 위해 군주를 설득할 수 있는지 없는지만 신경 쓰는, 극도로 현실적인 태도를 보였습니다.

셋째, 소진이 성공할 수 있었던 것은 단지 연횡을 주장하다 입장을 바꿔 합종을 주장했기 때문만이 아닙니다. 덧붙여 자기가 본래 가졌던 무력지상주의의 견해까지 뒤집었기 때문입니다. 그는 "쌀 한 말 들이지 않고, 병사 한 명 부리지 않고, 전사 한 명 싸우지 않고, 활시위 한 가닥 끊어지지 않고, 화살 한 대 부러지지 않고" 자신의 생각과 혀에만 의지해 진나라를 함곡관 서쪽에 묶어 놓았습니다. 그럼으로써 전쟁과 무력으로는 결코 다다를 수 없는 목표를 완수했습니다.

넷째, 그 시대에 현실적이고 실리적이었던 사람은 유사만이 아니었습니다. 일반 백성도 소진의 가족처럼 부와 지위가 혈연보다 더 중요하다는 태도를 취했습니다. "가난할 때는 부모도 자식 취급을 안 하더니, 부귀해지니 친척도 두려워한다"는 말은 친족 간의 유대 관계로 유지되던 종법 규범이 그 사회의 상하층에서 모두 효력을 잃었음을 뜻합니다.

다섯째, 소진은 찢어지게 가난한 하층계급 출신으로 순

식간에 출세해 "수레를 몰고 천하를 종횡하며 군주들을 만나고, 그들의 측근이 고분고분 입을 닫게 만들어 천하에 그를 대적할 만한 사람이 아무도 없었"으니, 보기에 여러 군주보다 더 권력이 컸습니다. 이는 춘추시대부터 시작된 사회적 유동성의 증가가 정점에 달했음을 보여 줍니다. 그 시대에는 사람의 출신 배경이 갈수록 중요성을 잃었고, 능력과 언변이 있고 여기에 좋은 기회까지 더해지면 누구든 공을 세워 이름을 날릴 수 있었습니다. 게다가 사회에서 개인의 계급이 거의 무한대에 가까우리만큼 크게 변동할 수 있었습니다.

어떻게 유세해야 효과적일까

## 유사에게는 조국이 없다

전국시대가 '전국'戰國이라는 이름을 얻게 된 것은 확실히 각국이 오랫동안 전쟁 상황에 처해 있었기 때문입니다. 전쟁을 막거나 줄이는 메커니즘이 당시에는 전혀 작동하지 않거나 효과가 없었습니다. 『전국책』은 부단히 계속되었던 전쟁의 표면적 현상을 드러내 전쟁을 해야 할지 말아야 할지, 한다면 어떻게 해야 할지, 그리고 이길 것인지 질 것인지, 누가 이기고 누가 질 것인지 결정되었던 과정을 보여 줍니다. 그런데 이 모든 것이 대부분 그 유사와 종횡가가 동분

서주하며 제시한 의견에 좌우되었습니다.

　이것은 전국시대 역사의 전모는 아니지만 전국시대의 중요한 특색이었던 것만은 확실합니다. 우리는 중국사의 다른 어느 시대에서도 이토록 거리낌 없는 현실주의와 절대적인 군사주의 그리고 당연하게 자행된 권모술수를 찾아보기 어렵습니다. 또한 중국사의 다른 어느 시대에서도 그토록 망설임 없이 언변과 모략으로 부와 지위를 도모하는 삶의 가치관을, 그리고 그토록 노골적으로 군사, 외교, 정치권력을 조종하려는 욕망을 추구하면서 그것을 삶의 합법적이고도 정상적인 목표로 삼는 행태를 찾아보기 어렵습니다.

　『전국책』 진책은 소진의 이야기를 마치고서 뒤이어 연횡의 가장 중요한 이론가이자 실천가였던 장의의 이야기를 꺼내 놓습니다. 이런 기록의 순서는 소진이 먼저 합종을 위해 동분서주했고, 그다음에 장의가 연횡의 계책으로 그것을 깨뜨렸다는 식으로 우리가 쉽게 착각하도록 만듭니다. 하지만 역사적 사실을 보면 장의가 소진보다 앞섰습니다. 소진이 진나라에 들어가 진혜왕을 만났을 때, 연횡은 이미 진나라의 기존 국가 전략이었습니다. 소진의 주장에서 진혜왕이 받아들이길 거부한 것은 사실 무력지상주의였지 연횡이 아니었던 겁니다. 그리고 장의가 연횡을 주장했을 때는 아직 소진이 여섯 나라를 돌아다니며 합종으로 맞설 때가 아니었습니다. 당시 장의의 진정한 적수는 공손연公孫衍*이었지 소진이 아니었습니다.

장의가 진왕에게 말했다. "신이 듣기로, 모르면서도 말하는 것은 지혜롭지 못한 것이고 알면서도 말하지 않는 것은 충성스럽지 못한 것이라고 합니다. 신하로서 군주에게 충성스럽지 못하면 죽어 마땅하고 말을 하더라도 신중하지 못하면 역시 죽어 마땅합니다. 하지만 그렇더라도 신은 들은 바를 전부 아뢰고자 하오니, 대왕께서는 제가 죄를 짓는지 헤아려 주십시오."

張儀說秦王曰: "臣聞之, 弗知而言爲不智, 知而不言爲不忠. 爲人臣不忠當死, 言不審亦當死. 雖然, 臣願悉言所聞, 大王裁其罪."

장의는 위魏나라 사람으로, 위나라에서 진나라로 건너갔습니다. 그런데 진왕을 만나자마자 충성스러운 신하의 태도를 취합니다. 이것은 군주의 신임을 얻기 위한 유사의 관용적인 태도이기도 하지만, 그 시대 신하와 군주의 관계가

---

* 위나라 출신의 종횡가로 각국에 유세하여 초·한·월·연·위 다섯 나라의 재상이 되었고, 각국을 합종으로 연결하여 장의의 연횡책에 맞섰다.

이미 출신과는 직접적인 관계가 없었음을 보여 주는 예이기도 합니다. 신하는 충성을 바칠 군주를 자유로이 택할 수 있었고, 당연히 군주도 다양한 내력을 가진 유사 중에서 자기가 쓰고 싶고 또 쓸 수 있는 신하를 고를 수 있었습니다.

이어서 장의가 말하길, "신은 천하의 형세에서 북쪽의 연나라와 남쪽의 위나라가 초나라와 연합해 제나라를 견고히 하고, 남은 한나라까지 받아들여 합종을 이루면 서남쪽으로 진나라에 대항할 수 있다는 이야기를 듣고 몰래 웃었습니다"臣聞, 天下陰燕陽魏, 連荆固齊, 收餘韓成從, 將西南以與秦爲難, 臣竊笑之라고 했습니다.

그는 왜 몰래 웃었을까요? 어떤 점이 그를 웃게 만들었을까요? 그가 생각하기에 합종은 곧 나라가 망하는 지름길이었던 겁니다.

"세상에는 세 가지 망하는 상황이 있는데 천하에서는 그것을 삼망三亡이라고 부릅니다. 신이 듣건대 그 세 가지는 '어지러운 나라가 잘 다스려지는 나라를 공격하면 망하고, 사악한 나라가 정직한 나라를 공격하면 망하고, 열세인 나라가 우세인 나라를 공격하면 망하는 것'입니다."世有三亡, 而天下得之, 其此之謂乎! 臣聞之曰: '以亂攻治者亡, 以邪攻正者亡, 以逆攻順者亡.'

장의는 앞에서와 마찬가지로 여기서도 격언을 인용합니

다. 멸망을 자초하는 세 가지 상황, 즉 삼망에 대한 격언이지요. 따라서 그가 몰래 웃은 까닭은 그가 생각하기에 합종이 그 삼망에 해당하기 때문이었습니다.

주의해야 할 것은 여기에서 장의가 합종에 참여할 나라들을 '천하'라는 말로 가리킨다는 사실입니다. 이것은 장의만 그런 것이 아니라 『전국책』에 흔히 나타나는 표현 방식입니다. 그래서 우리는 『전국책』을 읽으면서 조금 유의해야 할 필요가 있습니다. 종횡가와 관련해 '천하'가 언급될 때 그것은 우리가 습관적으로 알고 있는 '온 천하'나 '온 중국'이 아니라 진나라를 제외한, 진나라를 반대하고 진나라에 대항한 동쪽의 여섯 나라를 의미하곤 합니다.

우리는 이런 단어 사용의 기원까지 추적할 필요는 없습니다. 하지만 여기에는 확실히 진나라의 짙은 이질성이 반영되어 있습니다. 다른 나라들이 보기에 진나라는 '우리'나 '천하'에 속하지 않는 '이방인'이었습니다. 이것은 한편으로는 진나라가 서쪽 변방에 위치해 춘추시대까지도 이민족의 영토로 여겨지는 바람에 서주의 봉건 종법과 그리 관계가 밀접하지 않았고, 제후들이 교류하는 맹회盟會에서도 언급되는 일이 거의 없었기 때문입니다. 다른 한편으로는 전국시대에 와서 진나라가 농전農戰*을 채택해 빠르게 강국으로 발전하

---

* 농업 생산력 증대와 군사력 증강을 긴밀히 결합시킨 상앙의 변법 정책 중 하나.

면서 다른 나라들의 주의를 끌었기 때문입니다.

그런데 천하, 다시 말해 합종에 참여할 나라들의 현실적인 상황은 어땠을까요? 그들은 "재화가 부족하고 창고는 텅 비었는데도 백성을 다 동원해 억지로 백만 대군을 편성"今天下之府庫不盈, 困倉空虛, 悉其士民, 張軍數千百萬했습니다. 하지만 그것은 소용없는 일이었습니다. 왜냐하면 "시퍼런 칼날과 도끼로 앞뒤에서 지키는데도 사람들이 목숨을 걸고 싸우려 하지 않고 다 도망쳤기"白刃在前, 斧質在後, 而皆去走, 不能死 때문입니다. 그들이 왜 그랬을까요? 그렇게 도망가도 군주가 죽이지 않았기 때문입니다. 그 나라들의 군주는 상을 준다고 하고도 상을 주지 않았고, 벌을 준다고 하고도 벌을 주지 않았습니다言賞則不使, 言罰則不行. 그렇게 신상필벌이 엉망이었으니, 사람들이 나라를 위해 목숨을 걸고 싸울 리가 없었습니다.

하지만 장의가 보기에 진나라는 그렇지 않았습니다.

"지금 진나라는 호령을 내리기만 하면 상벌이 분명하고 공의 유무도 완전히 사실에 부합합니다. 진나라 사람은 부모 품에서 벗어나 평생 적을 본 적이 없는데도, 싸운다는 얘기만 들으면 걸음을 멈추고 옷을 벗어던지고는 적의 칼날에 맞서고 불붙은 석탄도 밟으니, 죽고자 결단하는 자가 줄을 설 정도입니다. 죽고자 하는 것과 살고자 하는 것은 다르기 마련인데, 진나라 사람이 죽고자 하는 것은 용기를 귀하게 여기기 때문입니다. 그래서 한 명으로 열 명을, 열 명으로 백 명을, 백 명으로 천 명을, 천 명으로 만 명을, 만 명으로 천하를 이길 수 있습니다."今秦出號令而行賞罰, 不攻無攻相事也. 出其父母懷妊之中, 生未嘗見寇也, 聞戰頓足徒裼, 犯白刃, 蹈煨炭, 斷死於前者比是也. 夫斷死與斷生也不同, 而民爲之者, 是貴奮也. 一可以勝十, 十可以勝百, 百可以勝千, 千可以勝萬, 萬可以勝天下矣.

장의는 나아가 진나라의 유리한 조건과 압도적인 군사력까지 거론하며 칭찬을 이어갑니다.

"지금 진나라의 지세는 얼추 사방 수천 리에 이르고 강한 군대는 수백만에 이릅니다. 진나라의 호령과 상벌 그리고 험준하고 유리한 지형은 천하에 버금갈 나라가 없습니다. 진나라가 이런 조건을 이용해 천하의 제후들과 겨룬다면 온 천하를 정복할 수 있습니다. 이를 통하여 진나라가 싸우면 이기지 못할 것이 없고, 공격하면 취하지 못할 것이 없으며, 맞서면 깨뜨리지 못할 것이 없음을 알 수 있습니다. 그렇게 수천 리의 땅을 늘린 것은 실로 대단한 성과입니다."今秦地形, 斷長續短, 方數千里, 名師數百万, 秦之號令賞罰, 地形利害, 天下莫如也. 以此與天下, 天下不足兼而有也. 是知秦戰未嘗不勝, 攻未嘗不取, 所當未嘗不破也. 開地數千里, 此甚大功也.

## 패주가 되려면 철저해야 한다

그런데 장의는 갑자기 말투를 바꿔 묻습니다. "조건도, 형세도 모두 유리한데, 왜 진나라는 성가신 문제들에 봉착해 있을까요?" 그러면 그 성가신 문제들은 과연 무엇이고 그 원인은 또 무엇이었을까요? 장의는 이렇게 말합니다.

"하지만 지금 진나라의 군대는 지쳐 있고, 백성은 곤궁하고, 모아둔 것은 모자라고, 전답은 황폐하고, 창고는 비어 있고, 사방의 제후들이 불복해 패주覇主의 명성조차 이루지 못합니다. 이는 다른 이유 때문이 아니라 모신이 전부 충성을 다하지 않기 때문입니다."然而甲兵頓, 士民病, 蓄積索, 田疇荒, 困倉虛, 四隣諸侯不服, 伯王之名不成, 此無異故, 謀臣皆不盡其忠也.

장의가 서두에서 죽음을 무릅쓰고 "들은 바를 전부 아뢰겠다"고 말한 것은 바로 여기에서 적나라하게 진나라를 비판하기 위한 포석이었습니다. 하지만 귀에 거슬리는 비판을 하기 전에 먼저 진나라에 대한 칭찬을 잔뜩 늘어놓음으로써 미리 군주의 적의를 완화시켰습니다. 이것은 종횡가의 전형적이면서도 훌륭한 언어 기교입니다.

이제 장의는 과거 사례를 통해 본격적으로 자신의 의견을 드러냅니다.

"신은 감히 과거 사례를 이야기하고자 합니다. 옛날 제나라는 남쪽으로는 초나라를, 동쪽으로는 송나라를 격파했고, 서쪽으로는 진나라를 정복하고 북쪽으로는 연나라를 격파했으며, 중원에서는 한나라와 위衛나라의 군주를 좌지우지했습니다. 제나라는 땅이 넓고 군대가 강성해 전쟁을 하면 이기고 취하지 않는 적이 없어서 천하의 제후들을 모두 호령했습니다. 그래서 맑은 제수濟水와 탁한 황하를 자연적인 경계로 삼고 기나긴 성벽과 크나큰 둑을 요새로 삼았습니다. 제나라는 다섯 번의 전쟁에서 승리해 대국이 되었습니다. 만약 한 번이라도 패했다면 제나라는 없었을 겁니다. 이를 통해 전쟁이 대국의 존망을 결정짓는다는 것을 알 수 있습니다."臣敢言往昔. 昔者齊南破荊, 中破宋, 西服秦, 北破燕, 中使韓衛之君. 地廣而兵强, 戰勝攻取, 詔令天下. 濟淸河濁, 足以爲限; 長城鉅坊, 足以爲塞. 齊, 五戰之國也. 一戰不勝而無齊. 故由此觀之, 夫戰者, 萬乘之存亡也.

이어서 장의는 "나무를 없애려면 뿌리까지 파내야 하는데, 재앙을 가까이하지 말아야 재앙이 없다"削株掘根, 無與禍隣, 禍乃不存라는 격언을 인용합니다. 이 격언은 재앙을 피하려면 아예 재앙과 비슷한 생각조차 품지 않을 정도로 철저해야 한다는 뜻입니다.

장의는 또 말합니다.

"과거에 진나라가 초나라와 싸울 때 초군을 대파하고 수도 영郢을 습격해 동정호洞庭湖와 오도五都와 강남江南을 차지했습니다. 초왕은 동쪽으로 도망쳐 진陳에 숨었습니다. 만약 그때 계속 공격했다면 초나라를 멸할 수 있었을 겁니다. 초나라를 멸했다면 그곳은 백성이 많고 물자가 풍부해서 동쪽의 제나라와 연나라를 위협하고 중부의 한·조·위 세 나라를 제압할 수 있었을 겁니다. 만약 그랬다면 진나라는 일거에 패주의 명성을 얻고 주위의 제후들을 신하로 만들 수 있었을 겁니다."秦與荊人戰, 大破荊, 襲郢, 取洞庭, 五都, 江南, 荊王亡奔走, 東伏於陳. 當是之時, 隨荊以兵, 則荊可擧. 擧荊, 則其民足貪也, 地足利也, 東以强齊, 燕, 中陵三晋. 然則是一擧而伯王之名可成也, 四隣諸侯可朝也.

그런데 진나라는 왜 그러지 못했을까요? 장의는 그 이유를 설명합니다.

"하지만 모신들은 그렇게 하지 않고 군대를 철수하고 초나라와 강화를 맺었습니다. 지금 초나라는 망한 나라를 수습하고 흩어진 백성을 모았으며, 사직의 주인을 세우고 종묘를 설치하는 한편 천하의 제후들을 이끌고 서쪽으로 진나라와 맞서고 있습니다. 이렇게 진나라는 패주가 될 기회를 첫 번째로 잃었습니다."而謀臣不爲, 引軍而退, 與荊人和. 今荊人收亡國, 聚散民, 立社主, 置宗廟, 令帥天下西面以與秦爲難, 此固已無伯王之道一矣.

## 역사적 사실은 포인트가 아니다

여기에서 우리는 잠시 걸음을 멈추고 역사적 사실을 검토해야만 합니다. 『전국책』 진책에는 「경양왕頃襄王 20년」이라는 제목의 단락이 있습니다. 그 첫머리는 "경양왕 20년, 진나라의 백기白起가 초나라의 서릉西陵을 함락시켰고, 다른 부대는 언鄢, 영郢, 이릉夷陵을 함락시켰으며, 초나라 선왕의 묘를 불태웠다. 경양왕은 동북쪽의 진성陳城으로 옮겨 사직을 보전했다. 초나라는 이때부터 쇠약해져 진나라에 경시되었다"頃襄王二十年, 秦白起拔楚西陵, 或拔鄢郢夷陵, 燒先王之墓. 王徙東北保於陳城. 楚遂削弱, 爲秦所輕입니다. 그런데 여기에서 명백히 기록된 연대는 경양왕 20년, 즉 기원전 287년입니다. 장의가 진나라에서 재상이 된 것은 기원전 328년으로, 이 사건보다 40년이 이릅니다. 따라서 그가 재상이 되기 전에 이 사건을 예로 들어 진혜왕에게 유세했다는 것은 불가능한 일입니다.

다른 사료를 참고해도 우리는 진나라가 초나라를 공격해 영을 함락시키고 초왕이 진으로 도망친 것이 장의가 진나라에서 재상이 된 것보다 뒤의 일임을 쉽게 확인할 수 있습니다. 다시 말해 『전국책』의 이 단락은 사실일 수 없고, 장의는 절대로 그런 말을 했을 리가 없습니다. 이처럼 유사와 모사가 한 말의 설득력을 높이기 위해 역사적 사실과 부합하지 않는 내용을 삽입한 예는 『전국책』에서 심심치 않게 발견할 수 있습니다. 따라서 우리는 『전국책』이 역사서가 아니며, 이 책의 포인트도 전국시대의 역사적 사실을 기록하는 것이 아니라 종횡가의 빼어난 말과 책략을 표현하는 것이었음을 상기해야 합니다. 그 목적을 이루기 위해서라면 글쓴이는 연대를 뒤바꾸거나 표현을 과장하고 극화하는 것도 마다하지 않았습니다.

다시 장의와 진왕의 대화로 돌아가보겠습니다. 장의는 진나라가 패주가 될 첫 번째 기회를 놓친 뒤, 바로 두 번째 기회가 왔었다고 말합니다.

"이어서 여러 나라가 화산華山 아래로 연합군을 보냈지만 대왕은 속임수로 그들을 격파하고 위나라 수도인 대량大梁 외곽까지 쳐들어갔습니다. 당시 수십 일만 포위했다면 대량을 함락시켰을 겁니다. 대량을 함락시켰다면 위나라는 멸했을 테고, 위나라가 멸했다면 초나라와 조나라의 동맹은 깨졌을 테고, 초나라와 조나라의 동맹이 깨졌다면 조나라는 위태로워졌을 테고, 조나라가 위태로워졌다면 초나라는 고립되었을 겁니다. 그다음에 동쪽의 제나라와 연나라를 위협하고 중부의 한·조·위 세 나라를 제압할 수 있었을 겁니다. 만약 그랬다면 진나라는 일거에 패주의 명성을 얻고 주위의 제후들을 신하로 만들 수 있었을 겁니다." 天下有比志而軍華下, 大王以詐破之, 兵至梁郭, 圍梁數旬, 則梁可拔. 拔梁, 則魏可擧. 擧魏則荊趙之志絶. 荊趙之志絶, 則趙危. 趙危而荊孤. 東以强齊燕, 中陵三晉, 然則是一擧而伯王之名可成也, 四隣諸侯可朝也.

하지만 이 두 번째 기회도 첫 번째 기회를 잃은 것과 똑같은 이유로 잃고 맙니다. 장의가 다시 말하길, "하지만 모신들은 그렇게 하지 않고 군대를 철수하고 위나라와 강화를 맺었습니다. 지금 위나라는 망한 나라를 수습하고 흩어진 백성을 모았으며, 사직의 주인을 세우고 종묘를 설치했는데, 이렇게 진나라는 패주가 될 기회를 두 번째로 잃었습니다" 而謀臣不爲, 引軍而退, 與魏氏和. 今魏氏收亡國, 聚散民, 立社主, 置宗廟, 此固已無伯王之道二矣라고 했습니다.

두 번째 기회도 사라졌지만 아직 세 번째 기회가 남아 있었습니다.

"얼마 전에 재상 양후穰侯가 진나라를 다스리면서 한 나라의 군대로 두 나라에 공을 세우려고 했습니다. 그래서 군대를 너무 오래 밖에 두었고, 진나라 백성도 안에서 지치고 병들어 패주의 명성을 이루지 못했습니다. 이렇게 진나라는 패주가 될 기회를 세 번째로 잃었습니다." 前者穰侯之治秦也, 用一

國之兵, 而欲以成兩國之功. 是故兵終身暴靈於外, 士民潞病於內, 伯王之名不成, 此固已無伯王之道三矣.

　그런데 장의는 이번에는 잘못을 모신들의 탓으로 돌리지 않았습니다. 양후를 재상에 봉한 것은 모신들이 결정한 일이 아니었기 때문입니다. 명확히 밝히지는 않았지만 그의 비판은 은연중에 진왕 쪽을 겨누었습니다.


## 목숨을 건 도박

　이렇게 장의는 진나라가 놓친 중대한 기회를 분석하면서 돌연 동쪽의 여섯 나라 중 조나라의 특수한 약점을 거론합니다.

　"조나라는 가운데에 위치하여 온갖 지역의 백성이 섞여 삽니다. 조나라의 백성은 경박하여 다스리기가 어렵습니다. 명령을 내려도 안 통하고 상벌도 신뢰를 못 얻습니다. 그리고 지형도 공격과 방어에 불리해 군주가 백성의 힘을 다 쓸 수 없으니, 이것은 실로 망국의 형세입니다. 게다가 군주가 백성의 어려움을 돌보지 않고 그들을 다 징발해 장평長平의 전장으로 보내 한나라의 상당上黨을 취하게 했습니다. 이때 대왕은 속임수로 그들을 격파해 무안군武安君 조괄趙括을 처단하셨지요." 趙氏, 中央之國也, 雜民之所居也. 其民輕而難用. 號令不治, 賞罰不信, 地形不便, 上非能盡其民力, 彼固亡國之形也, 而不憂其民氓, 悉其士民, 軍於長平之下, 以爭韓之上黨, 大王以詐破之, 拔武安.

그 전투가 유명한 장평대전長平大戰입니다. 대승을 거둔 뒤 진나라 장군 백기는 포로로 잡은 조나라군 40만 명을 처리할 방도가 없어 산 채로 묻어 버렸다고 하지요.

"당시 조나라의 군주와 신하들은 서로 가깝지 않았고 관리와 백성도 서로 믿지 않아서 수도 한단邯鄲을 지킬 수가 없었습니다. 따라서 진나라가 한단을 함락시켰다면 하간河間을 점령하고, 군대를 몰아 서쪽으로 수무修武를 친 뒤 양장羊腸을 건너 대代와 상당을 항복시킬 수 있었을 것입니다. 대에는 36현縣이 있고 상당에는 17현이 있는데, 이를 갑옷 한 벌 안 들이고, 백성 한 명 안 부리고 죄다 진나라의 것으로 만들 수 있었을 것입니다." 當是時, 趙氏上下不相親也, 貴賤不相信, 然則是邯鄲不守. 拔邯鄲, 完河間, 引軍而去, 西攻修武, 踰羊腸, 降代上黨. 代三十六縣, 上黨十七縣, 不用一領甲, 不苦一民, 皆秦之有也.

장평대전 승리의 여세를 몰아 진나라가 한단을 쳐서 함락시켰다면 그 후로 어떤 일이 벌어졌을지 장의는 계속 상상을 이어갑니다.

"진나라가 싸우지 않고 대와 상당을 얻었다면, 제나라

도 싸우지 않고 조나라의 동양東陽, 하외河外를 얻었을 것이고, 연나라도 조나라 중호지中呼池 이북의 땅을 얻었을 겁니다. 그리하여 조나라를 멸망시키면 한나라도 필히 망했을 테고, 한나라가 망하면 초나라와 위나라는 독립할 수 없었을 겁니다. 초나라와 위나라가 독립하지 못하면 진나라는 한나라를 멸하고, 위나라를 침식하고, 초나라를 위협해 동쪽으로 제나라와 연나라를 쇠약하게 만들었을 겁니다. 그러고 나서 백마진白馬津의 강둑을 무너뜨려 위나라를 강물에 잠기게 해 일거에 한·조·위 삼진三晉을 멸하면 여섯 나라의 합종을 깰 수 있었을 겁니다. 그랬다면 대왕은 팔짱을 끼고 기다리기만 해도 천하의 제후들이 줄줄이 와서 엎드려 패주의 명성을 이루셨을 겁니다."代上黨不戰而已爲秦矣; 東陽河外, 不戰而已反爲齊矣; 中呼池以北不戰而已爲燕矣. 然則是擧趙則韓必亡, 韓亡則荆魏不能獨立. 荆魏不能独立, 則是一擧而壞韓蠹魏挾荆, 以東弱齊燕. 決白馬之口, 以流魏氏, 一擧而三晉亡, 從者敗. 大王拱手以須, 天下遍隨而伏, 伯王之名可成也.

　　그러나 상상은 상상일 뿐, 실제 결과는 앞선 경우와 마찬가지였습니다.

　　"하지만 모신들은 그렇게 하지 않고 군대를 철수하고 조나라와 강화를 맺었습니다. 대왕의 현명함과 진나라의 강력한 군대로도 패주의 대업을 이루지 못하고 멸망해야 마땅한

나라들에 기만을 당한 겁니다. 이는 모신들의 무능함 때문이었습니다."而謀臣不爲, 引軍而退, 與趙氏爲和. 以大王之明, 秦兵之强, 伯王之業, 曾不可得, 乃取欺於亡國, 是謀臣之拙也.

더구나 이런 결과로 심각한 세 가지 후유증까지 남았습니다.

"조나라가 망해야 하는데 망하지 않고 진나라가 패주가 되어야 하는데 되지 못해 동쪽 나라들이 진나라 모신들의 능력을 간파한 것이 첫 번째입니다. 진나라가 다시 병력을 총동원해 한단을 공격했는데도 함락하지 못하고 놀라 무기와 갑옷을 버리고 퇴각해 동쪽 나라들이 진나라의 힘을 간파한 것이 두 번째입니다. 철수한 진나라 군대가 이하李下에서 결집하고 대왕이 병력을 증원했는데도 압도적인 승리를 거두지 못하고 다시 퇴각해 동쪽 나라들이 또 진나라의 힘을 간파한 것이 세 번째입니다."且夫趙當亡不亡, 秦當伯不伯, 天下固量秦之謀臣一矣. 乃復悉卒以攻邯鄲, 不能拔也, 棄甲兵怒, 戰慄而卻, 天下固量秦力二矣. 軍乃引退, 幷於李下, 大王又幷軍而致與戰, 非能厚勝之也, 又交罷卻, 天下固量秦力三矣.

장의는 점점 더 진나라가 처한 위기를 부각시키며 진왕에게 경각심을 불러일으키려 합니다.

"안으로는 우리 모신들의 능력을, 밖으로는 우리 군사

력을 간파당했으니, 이를 감안하면 다른 나라들이 합종으로 진나라를 상대하는 것이 뭐가 어렵겠습니까? 그런데 우리는 안으로 군대가 지쳐 있고, 백성은 곤궁하고, 모아 둔 것은 모자라고, 전답은 황폐하고, 창고는 비어 있는데, 밖으로 저들은 연합의 의지가 확고합니다. 바라건대 대왕께서는 이런 상황을 잘 헤아려 주십시오."内者量吾謀臣, 外者極吾兵力. 由是觀之, 臣以天下之從, 豈其難矣? 內者吾甲兵頓, 士民病, 蓄積索, 田疇荒, 困倉虛; 外者天下比志甚固. 願大王有以慮之也.

여기에서 장의는 또 전가의 보도처럼 격언을 인용합니다.

"신은 또 '하루가 다르게 더 신중해야 한다'는 말을 들었습니다. 이런 신중함의 도를 지키면 천하도 가질 수 있습니다. 신이 어떻게 그렇다는 것을 알겠습니까? 옛날 상나라의 주왕紂王은 천하를 통솔할 때 갑옷 입은 병사 백만을 거느렸습니다. 그들은 왼쪽으로는 기수淇水의 물을, 오른쪽으로는 원수洹水의 물을 다 마셔 버렸습니다. 기수의 물이 마르고 원수의 물이 흐르지 않을 만큼 어마어마한 병력으로 주왕은 주무왕周武王에게 맞섰습니다. 그런데도 무왕은 겨우 3천 명의 천 갑옷 입은 병사로 하루 만에 주왕의 나라를 멸하고는 그를 붙잡고, 그의 땅을 차지하고, 그의 백성을 가졌습니다. 하지만 아무도 주왕을 불쌍히 여기지 않았습니다." 且臣聞之, "戰戰慄慄, 日愼一日". 苟愼其道, 天下可有也. 何以知其然也? 昔者紂爲天子, 帥天下將甲百萬, 左飮於淇谷, 右飮於洹水, 淇水竭而洹水不流, 以與周武爲難. 武王將素甲三千領, 戰一日, 破紂之國, 禽其身, 據其地, 而有其民, 天下莫不傷.

옛날 주왕의 예를 든 뒤, 장의는 이번엔 비교적 가까운 시대의 예를 한 가지 더 듭니다. 춘추시대 말기, 진晉나라의 대부 네 명이 서로 권력을 다툴 때의 이야기였습니다.

"지백智伯은 지智·한韓·위魏 세 가문의 병력을 이끌고 진양晉陽에서 조양자趙襄子를 치면서 강둑을 무너뜨려 수몰시키려 했습니다. 그렇게 3년이 지나 더 버틸 수 없게 되자 조양자는 거북이 등껍질로 점을 쳐서 이해득실을 헤아려 어느 가문에 투항하는 것이 좋을지 살피기에 이르렀습니다. 그러다 장맹담張孟談을 몰래 성 밖으로 내보내 이간질로 세 가문의 동맹을 깨뜨렸고, 결국 한과 위와 함께 지백을 공격해 포로로 붙잡아 공을 세웠습니다." 智伯帥三國之衆, 以攻趙襄主於晉陽, 決水灌之. 三年, 城且拔矣. 襄主錯龜數策占兆以視利害, 何國可降? 而使張孟談於是潛行而出, 反智伯之約, 得兩國之衆, 以攻智伯之國, 禽其身, 以成襄子之功.

이 두 이야기는 모두 반면교사의 예입니다. 자기 힘에 자만하여 신중함을 잃는다면, 주왕이나 지백처럼 잠깐 방심한 사이에 나라가 망할 수도 있음을 진왕에게 경고한 겁니다.

　마지막으로 장의는 이렇게 결론을 맺습니다.

　"지금 진나라 땅은 얼추 사방 수천 리에 이르고 강한 군대는 수백만에 이릅니다. 진나라의 호령과 상벌 그리고 험준하고 유리한 지형은 천하에 버금갈 나라가 없습니다. 진나라가 이런 조건을 이용해 천하의 제후들과 겨룬다면 온 천하를 다 정복할 수 있습니다. 오늘 신은 죽음을 무릅쓰고 대왕을 뵙고서 어떻게 동쪽 여섯 나라의 합종을 깨뜨릴지 아뢰었습니다. 조나라와 한나라를 멸하고, 초나라와 위나라를 신하로 삼고, 제나라와 연나라와는 화친을 맺음으로써 패주의 명성을 이루고 천하의 제후들이 조공을 바치게 하는 것이었습니다. 대왕이 신의 말을 따랐는데도 일거에 합종이 깨지지 않아 조나라와 한나라가 망하지 않고, 초나라와 위나라를 신하로 삼지 못하고, 제나라와 연나라와 화친을 맺지 못해 패주의 명성을 이루지 못하고 천하의 제후들이 조공을 바치지 않는다면 신의 목을 치고 온 나라에 조리돌림을 하여 불충한 자로 벌하소서." 今秦地斷長續短, 方數千里, 名師數百万, 秦國號令賞罰, 地形利害, 天下莫如也. 以此與天下, 天下可兼而有也. 臣昧死望見大王, 言所以擧破天下之從, 擧趙亡韓臣荊魏親齊燕, 以成伯王之名, 朝四隣諸侯之道. 大王試听其說, 一擧而天下之從不破, 趙不擧, 韓不亡, 荊魏不臣, 齊燕不亲, 伯王之名不成,

四隣諸侯不朝, 大王斬臣以徇於國, 以主爲謀不忠者.

## 계급은 더 이상 장벽이 아니었다

역사적 사실에 비추어 보면 진나라가 초나라 수도 영을 공격한 사건 그리고 진나라와 조나라의 장평대전은 모두 장의가 진나라의 재상이 된 때보다 늦게 일어났습니다. 다시 말해 장의는 진나라에 들어가 진혜왕을 알현하면서 무슨 선견지명이 있어서 뒤에 일어난 그 두 사건을 예로 든 것이 결코 아닙니다.

『전국책』이 그 대화의 일부 내용을 날조한 목적은 장의의 견해에 더 강한 설득력을 부여해 압도적인 논증으로 진혜왕을 내리누르게 하기 위해서였습니다. 또한 후대의 독자들이 논자 혹은 말하는 이에게 더 공감하게 하기 위해서이기도 했습니다. 만약 진나라가 패주가 될 수 있는 기회가 그렇게 많았는데도 죄다 놓쳤다면, 여러분은 무슨 생각을 하고 또 무엇을 하려고 하겠습니까? 독자인 우리도 한편으로 흥분하고 의문을 품게 됩니다.

이것이 바로 『전국책』이 의도한 효과입니다. 이어진 두 이야기에서 소진이 진혜왕에게 한 말과 장의가 한 말은 어떤 차이점이 있을까요? 상대는 모두 진혜왕이었는데, 왜 장의만 성공하고 소진은 실패해 쓸쓸히 집으로 돌아가 자신의 입장까지 바꾸게 된 걸까요?

결정적인 차이는, 소진은 "가장 중요한 것은 전쟁이며 모든 것은 무력에 의해 결정됩니다"라고 말한 데 반해, 장의는 "무력도 중요하지만 판단이 더 중요합니다. 판단이 옳고 추세에 맞으면 무력 없이도 큰 수확을 거둘 수 있지만, 판단이 틀리면 싸우지 말아야 하고 싸우더라도 화해하지 말아야 합니다. 그럴 때 화해하면 기존의 군사적 우세까지 빠르게 잃고 맙니다"라고 말한 데 있습니다. 소진의 견해는 굳이 유사가 나서서 군주에게 고할 필요까지도 없는 것이었습니다. 또한 군주가 받아들였어도 유사를 등용할 필요까지는 못 느꼈을 겁니다. 그런데 장의의 견해는 대단히 직접적으로 모사가 무력보다 중요하다고 피력하지요. 그래서 몇 번이나 "하지만 모신들은 그렇게 하지 않았다"而謀臣不爲고 지적한 겁니다.

'변'辯, 즉 변론의 힘을 부각시키기 위해 『전국책』은 자주 역사적 사실을 왜곡하고 과거의 이런저런 자료를 잔뜩 인용해 기록된 변론을 더 강력하고 반박할 수 없는 것으로 만듭니다.

변론은 언어로 다른 사람을 변화시키는 행위입니다. 춘추시대부터 전국시대까지 언어의 운용과 사람들이 언어를 대하는 방식은 빠르고 거대한 변화를 겪었습니다.

『논어』에서 공자는 도리에 따른 결론을 말했습니다. 이런 일은 마땅히 어떠해야만 하고, 이런 문제의 답은 마땅히 무엇이어야만 하며, 어떤 상황 앞에서 인간은 마땅히 어떤 행동을 해야만 한다고 이야기했지요. 또 거의 모든 부분에서 일방적이고 단조로운 진술문을 구사했습니다. 그런데 『묵자』에 와서 말하는 방식이 달라졌습니다. 묵자는 일련의 도리를 말하고, 그 결론을 내는 데에 그치지 않고 설명까지 합니다. 왜 그 결론을 받아들여야 하고 그 도리를 따라야 하는지 말이지요.

공자와 묵자의 표현에서 나타나는 차이는 틀림없이 두 인물의 신분이 달랐던 것과 관계가 있습니다. 공자는 의식적으로 '왕관학'王官學* 전통을 계승했고, 사회 분란의 원인이 봉건적 '예'禮에 대한 사람들의 몰이해와 무시에 있다고 생각했습니다. 그래서 사람들에게 예가 무엇인지 알리고 예의 정신적 원칙을 기초로 가르침을 행하는 것을 자신의 소임으로 삼았습니다.

반면에 묵자에게는 그런 왕관학에서 비롯된 지위가 없

---

* 군자의 도리와 치국 방법의 전수에 중점을 둔 고대의 귀족 교육 체계.

었습니다. 그는 출신 배경이 상대적으로 안 좋아서 춘추시대에 사회가 혼란해지고서야 비로소 발언권을 얻었습니다. 그는 기존의 봉건적 '예'와 '악'樂이 지나치게 겉치레와 낭비에 치우쳤다고 비판하는 한편, 기존의 봉건적 신분 차별을 폐지하고 누구나 차별 없이 대하는 '겸애'兼愛로 대체하자고 주장했습니다. 그런데 이런 주장은 당시의 기존 가치와 너무 거리가 멀었기 때문에 묵자는 많은 말을 동원해야만 사람들에게 자신의 견해를 이해시킬 수 있었습니다.

따라서 변론의 개념과 방법의 기원이 '묵가'墨家인 것은 전혀 의외의 사실이 아닙니다. 더욱이 묵가는 변론의 기본 성격까지 확립했습니다. 변론은 지위가 낮은 사람이 높은 사람을 설득하기 위한 행위라는 것입니다. 지위가 낮은 사람은 신분으로 말의 권위를 보장받을 수 없었기 때문에 말의 기교에 공을 들여 그 언어적 능력으로 화자와 청자 사이의 큰 격차를 메워야 했던 겁니다.

4

# 언어의 연금술

## 간언은 억지로 밀어붙여서는 안 된다

『전국책』 조책趙策의「조나라 태후가 새로 집권하다」趙
太后新用事를 보겠습니다.

조나라 태후가 새로 집권하자 진나라가 급히 공격을 했다.
이에 조나라는 제나라에 도움을 요청했지만 제나라는 "장
안군長安君을 인질로 보내면 구원병을 파견하겠다"고 했다.
태후는 이를 원치 않았다.

趙太后新用事, 秦急攻之, 趙氏求救於齊, 齊曰: "必以長安君爲質, 兵乃出." 太后不肯.

조나라 혜문왕惠文王이 죽고 효성왕孝成王이 즉위했는데 나이가 너무 어려서 실제로는 태후가 나랏일을 관장했습니다. 그런데 조나라에서 이렇게 권력이 교체되는 것을 보고 진나라가 이 틈을 이용해 맹렬히 조나라를 공격했습니다. 진나라를 감당하기에는 군사력이 부족했던 조나라는 동쪽의 대국 제나라에 구원병을 요청했지만, 제나라는 구원병을 보내는 조건으로 효성왕의 동생이자 태후가 애지중지하던 막내아들 장안군을 인질로 요구했습니다. 이에 대해 태후가 난색을 표하자 대신들은 어떻게든 그녀를 설득하려고 했습니다. 상황이 너무나 위급했기 때문이지요. 하지만 태후는 결심을 굳히고서 "또 장안군을 인질로 보내자고 하는 자가 있으면 노부老婦가 그 얼굴에 침을 뱉을 것이다!"有復言令長安君爲質者, 老婦必唾其面라고 말했습니다. 당시 태후는 서른 살을 겨우 넘긴 나이였기 때문에 젊은 부인, 즉 '소부'少婦인 셈이었지만 신분이 높았기 때문에 자신을 '노부'라고 칭했습니다.

태후가 이렇게 강경하게 간언을 듣지 않겠다고 하니 다들 어쩔 도리가 없었습니다. 그런데 좌사左師였던 촉룡觸龍이 무슨 생각에서인지 선뜻 태후를 만나러 갔습니다. 태후는 그가 또 장안군을 인질로 보내자는 말을 꺼내리라 생각해 화난 얼굴로 그를 대했습니다.

촉룡은 절을 한 뒤 천천히 태후 앞에 다가가 먼저 사과의 말을 꺼냈습니다.

"노신이 다리가 안 좋아서 빨리 걸을 수가 없어 오랫동안 태후마마를 뵙지 못했습니다. 제 몸이 이렇게 아프다 보니 혹시 태후마마도 옥체에 어디 불편하신 데가 있지 않을까 염려되어 이렇게 뵙고자 했습니다."老臣病足, 曾不能疾走, 不得見久矣. 竊自恕, 而恐太后玉體之有所郄也, 故願望見太后.

원문의 '자서'自恕는 자신의 마음으로 미루어 남을 생각한다는 뜻입니다. 촉룡은 이렇게 자신의 건강이 안 좋아서 태후도 건강이 안 좋을까 염려되어 찾아왔다고 말함으로써 태후의 경계심을 누그러뜨리려 했습니다.

하지만 태후는 그렇게 쉽게 경계를 풀려고 하지 않았습니다. 그냥 짧고 예의 바르게 "노부는 가마를 탑니다"老婦恃輦而行라고 답했지요. 이 말은, 자기는 걸을 일이 없으니 그런 염려는 할 필요가 없다는 뜻입니다.

그래도 촉룡은 계속 우호적인 말을 건넵니다.

"매일 식사는 잘하십니까?"日食飮得無衰乎?

태후는 여전히 무뚝뚝하게 답합니다.

"죽만 먹습니다." 恃粥耳.

그러자 촉룡이 또 말합니다.

"노신은 요즘 유난히 식욕이 없어서 매일 억지로 3~4리씩 걷습니다. 그러니까 조금 식욕이 늘고 몸에도 좋더군요."

老臣今者殊不欲食, 乃自强步, 日三四里, 少益耆食, 和於身也.

태후는 역시 짧게 "노부는 그럴 수 없습니다" 老婦不能라고 말했지만, 표정은 조금 누그러졌습니다. 촉룡이 정말로 자신에게 관심을 가져 주며, 단지 간언을 하기 위해 형식적인 인사말을 건넨 것이 아니라고 느꼈기 때문이겠지요.

촉룡은 계속 대화를 이어갔습니다.

"노신의 천한 자식 중에 서기舒祺라는 제일 어린 녀석이 있는데 못나고 어리석습니다. 그런데 노신이 늙어가니 이 녀석을 더 사랑하고 가여워하게 됩니다. 바라옵건대 녀석이 검은 제복의 호위병이 되어 왕궁을 지켰으면 해서 이렇게 감히 청을 드립니다." 老臣賤息舒祺最少, 不肖. 而臣衰, 竊愛憐之, 願令得補黑衣之數, 以衛王官, 沒死以聞.

이에 태후는 쾌히 승낙하고 그 아들의 나이를 물었습니다. 촉룡은 "열다섯 살입니다. 아직 어리기는 하지만 바라옵건대 노신이 죽기 전에 녀석을 태후마마께 맡기고자 합니다"

十五歲矣. 雖少, 願及未塡溝壑而托之라고 답했습니다.

이번에는 태후가 호기심이 드는지 먼저 말을 겁니다.

"남자도 어린 아들을 사랑하고 가여워하나요?"丈夫亦愛憐
其少子乎?

태후는 이렇게 물음으로써 촉룡이 공들여 계획한 함정
에 빠지고 맙니다. 화제가 촉룡의 아들에서 어린 아들에 대
한 사랑으로 바뀐 것이지요.

촉룡이 얼른 "여자보다 더합니다"甚於婦人라고 답하자,
태후는 빙그레 웃습니다. 왜냐하면 촉룡이 어린 아들을 사랑
하는 자신의 심정을 이해해 줄 만한 사람이라고 느꼈기 때문
입니다. 한동안 그녀는 자신이 어린 아들을 사랑하는 것에
반대하고 그것을 비판하는 자들과 맞서 싸워야 했습니다. 그
래서 이제 비로소 조금 긴장을 풀 수 있게 된 셈이었습니다.

태후는 웃으면서 말했습니다.

"여자가 훨씬 더하지요!"婦人異甚!

이때 촉룡이 기다렸다는 듯이 말합니다.

"그런데 노신이 보기에는 연나라로 시집간 따님에 대한
어머님의 사랑이 장안군에 대한 사랑보다 더 깊으신 듯합니
다."老臣竊以爲媼之愛燕后賢於長安君.

여기에서 태후에 대한 촉룡의 호칭이 바뀐 것에 주목해

야 합니다. 계속 정식으로 '태후'라고 부르다 갑자기 '어머님'
媼이라고 부르면서 두 사람 사이의 분위기가 평등하고 일상
적이며 편안하게 변합니다. 한편 태후는 손사래를 칩니다.

"그대가 틀렸습니다. 장안군을 더 사랑합니다."君過矣, 不
若長安君之甚.

이번에는 촉룡이 길게 설명을 늘어놓습니다.

"부모는 자식을 사랑하기에 자식을 위해 길게 내다봅니
다. 어머님은 따님을 시집보낼 때 쓰러져서 따님의 발꿈치를
붙잡고 눈물을 흘리셨지요. 따님이 머나먼 곳으로 가는 것이
마음에 걸려 그렇게 슬퍼하셨던 겁니다. 따님이 떠난 뒤에도
그리워하지 않은 날이 없지요. 제사를 지낼 때면 꼭 축원하
시기를, '부디 돌아오지 않게 해 주소서'라고 하셨습니다. 이
것이 어찌 자식을 위해 길게 내다보신 것이 아니겠습니까?
따님이 연나라에서 낳은 자손이 연이어 군주의 자리를 이어
받기를 바라신 겁니다."父母之愛子, 則爲之計深遠. 媼之送燕后也, 持其
踵爲之泣, 念悲其遠也, 亦哀之矣. 已行, 非弗思也, 祭祀必祝之, 祝曰: '必勿使反.'
豈非計久長, 有子孫相繼爲王也哉?

"바로 그러합니다."然也.

태후가 수긍하자 촉룡은 갑자기 화제를 바꿔 그녀에게
묻습니다.

"조씨가 나라를 세우고 지금까지 조왕의 자손이 삼대를 이어 봉후封侯의 자리를 계승한 적이 있습니까?"今三世以前, 至於趙之爲趙, 趙主之子孫侯者, 其繼有在者乎?

"없습니다."無有.

"조나라뿐만 아니라 다른 제후들의 자손도 그런 예가 있습니까?"微獨趙, 諸侯有在者乎?

"노부는 못 들어 봤습니다."老婦不聞.

이처럼 전국시대는 정말 변화가 많은 시대였습니다. 과거의 안정된 봉건 질서는 이제 완전히 다른 세상 이야기가 돼 버렸습니다. 군주의 아들이 분봉分封을 받고서 그 봉토封土와 지위를 자신의 아들을 거쳐 손자까지 물려주는 것이 어려워진 것이지요. 그 시대에는 귀족 노릇도 정말 쉽지가 않았습니다. 이토록 아무 보장이 없으니 태후가 어머니로서 딸이 돌아오지 않게 해 달라고 기도한 것은 당연한 일이었습니다. 시집간 나라에서 정치권력의 투쟁과 변동으로 화를 입을 가능성이 컸기 때문입니다.

이제 촉룡이 그런 현상에 담긴 핵심 이치를 이야기합니다.

"그 봉후들은 화가 가까이는 자신에게 미쳤고 멀리는 자손에게 미쳤습니다. 하지만 군주의 자손이어서 꼭 그렇게 결과가 나빴던 것은 아닙니다. 지위가 높은데도 공이 없고 봉록이 많은데도 수고한 바가 없이 보물만 잔뜩 갖고 있었기 때문입니다. 지금 어머님은 장안군의 지위를 높이고, 비옥한 땅에 봉하고, 보물을 잔뜩 주시면서 나라에 공을 세우게 하시지는 않습니다. 그러다 어머님이 세상을 떠나시면 장안군은 무엇에 의지해 이 조나라에서 살아가겠습니까? 노신은 어머님이 장안군을 위해 길게 내다보지 못하시는 것 같습니다. 그래서 따님을 장안군보다 더 사랑하신다고 생각한 겁니다." 此其近者禍及身, 遠者及其子孫. 豈人主之子孫則必不善哉? 位尊而無功, 奉厚而無勞, 而挾重器多也. 今媼尊長安君之位, 而封之以膏腴之地, 多予之重器, 而不及今令有功於國, 一旦山陵崩, 長安君何以自托於趙? 老臣以媼爲長安君計短也, 故以爲其愛不若燕后.

태후가 미처 방비할 틈도 없이 촉룡은 간언하려 했던 말을 죄다 쏟아냈습니다. 다행히 태후는 즉시 "알겠습니다. 그대가 하라는 대로 하겠습니다" 諾, 恣君之所使之 라고 답했습니다. 그러고서 수레 백 대를 준비하게 하여 장안군을 제나라에 인질로 보냈고, 제나라도 구원병을 조나라에 보냈습니다.

이 이야기는 당시 현자로 일컬어졌던 자의 子義의 논평으로 마무리됩니다.

"군주의 자식은 군주와 혈연관계이긴 하지만 당연하다

는 듯이 공도 없이 높은 지위를 누리고, 수고 없이 많은 봉록을 얻고, 또 금옥 같은 보물을 간직해서는 안 된다. 그러니 신하의 경우는 더 말할 필요도 없다!"人主之子也, 骨肉之親也, 有不能恃無功之尊, 無勞之奉, 而守金玉之重也, 而況人臣乎!

## 성현은 좋은 핑곗거리다

이 이야기는 귀족이라는 신분조차 믿을 수 없게 된, 전국시대의 극적인 변화를 날카롭게 지적합니다. 봉건제도의 친족관계는 껍데기만 남아서, 군주의 직계 자손은 높은 지위와 봉지 같은 특별 대우를 관행적으로 계속 받기는 했지만 이제 혈연적 신분만으로는 그것을 오래 유지하기가 힘들었습니다.

그 대신 나타난 새 원칙과 규범은 적나라한 공리적 계산에 기반했습니다. 누가 어떤 사람인지는 그리 중요하지 않고, 그가 나라에 어떤 쓸모가 있는지가 주요 포인트가 됐습니다. 신분의 차이보다 공리적 가치를 높게 평가하는 이런 변화는 상앙의 변법에서 가장 먼저 제도화되었으며, 그 후 진나라가 강대해지면서 빠르게 다른 나라들로 확산되었습니다.

전국시대에는 귀족이 되는 것뿐만 아니라 군주가 되는 것도 그리 당연시되지 않았습니다. 춘추시대 중기를 기점으로 본래 수백 개에 이르던 서주의 봉국封國이 차례로 멸망해 나중에는 열 개도 안 되는 주요국만 남았습니다. 이런 침통한 현상을 어느 군주인들 마음에 두지 않았겠습니까? 그들은 늘 전전긍긍하며 나라와 군주 자리를 유지했고, 대부분 긴장과 걱정에 시달렸습니다. 바로 그들의 이런 심리 상태를 겨냥해 유사들이 각양각색의 주장을 쏟아냈던 겁니다. 군주들은 감히 귀를 닫을 엄두를 못 냈습니다. 혹시나 최신의 시대 조류에서 낙오할까 두려워했고, 나아가 나라를 다스릴 만한 인재를 놓쳐 그가 이웃 나라나 적국에 가서 자신을 위협하지나 않을까 더더욱 두려워했습니다.

이런 역사적 배경을 감안하면 자의의 논평은 사실과 조금 어긋납니다. 그는 과거의 봉건적 관점에서 귀족의 쇠락을 감개 어린 어조로 평했을 뿐, 새 시대 '신하'의 구조적 변화는 보지 못했습니다. 신하는 당연히 공이 있어야 하고 쓸모도 있어야 했습니다. 그런데 자신이 공과 쓸모가 있음을 증명할 수만 있으면 본래의 신분적 한계에서 벗어나 국경까지 초월해 각국을 다니면서 출세 가도를 달릴 수 있었습니다. 과거와 비교해 귀족은 갈수록 운신하기가 힘들어졌지만, 신하에게는 더 드넓은 활동 공간이 열렸습니다.

　다른 사람들이 조나라 태후를 설득하지 못한 것은 단지 국가 상황만을 고려해 장안군을 제나라에 보내는 것이 조나라에 유리하다고 강조했기 때문입니다. 반대로 촉룡이 태후를 설득할 수 있었던 것은 장안군을 제나라에 보내는 것이 장안군 자신에게 유리하다고 지적했기 때문입니다. 촉룡이 구사한 '변론술'의 포인트는 본래 태후와 그 사이에 존재했던 지위와 입장의 차이를 해소하고 대화의 성격을 두 가장의 경험의 교류로 바꾼 데에 있습니다. 촉룡의 출발점은 "어떻게 해야 아이에게 가장 좋을까?"였지 "어떻게 해야 조나라에 가장 좋을까?"가 아니었던 겁니다. 이런 방법으로 그는 효과적으로 태후의 생각을 바꿔 놓았습니다.

　이어서 『전국책』 위책魏策의 「위혜왕이 죽다」魏惠王死를 통해 변론술의 또 다른 스타일과 작용을 살펴보겠습니다.


　위혜왕이 죽고 매장할 날도 정해졌는데, 하늘에서 폭설이 내려 소의 눈높이까지 눈이 쌓이고 성곽까지 무너졌다. 이에 잔도棧道*를 만들어 매장을 하러 가기로 했다.


魏惠王死, 葬有日矣, 天大雨雪, 至於牛目, 壞城郭, 且爲棧道

---

* 험한 곳에 선반을 매달듯 만든 길.　　　　　　　113

而葬.

이 이야기의 배경은 위혜왕(『맹자』와 『장자』에 여러 번 출현하는 '양혜왕')의 죽음입니다. 눈이 소의 눈높이까지 쌓였다고 하니 적설량이 1미터가 넘었을 겁니다. 그런데도 태자는 정해진 매장 날짜를 지키려고 따로 잔도까지 만들어 장례 행렬을 출발시키려 했습니다.

신하들은 대부분 태자를 설득해 막으려고 했습니다.

"눈이 이렇게 많이 내렸는데 장례를 강행하면 백성이 고초를 겪을 게 분명하고 국가의 경비도 감당할 수 없을 만큼 늘어날 겁니다. 청컨대 다른 날로 바꾸십시오."雪甚如此而喪行, 民必甚病之, 官費又恐不給, 請弛期更日.

하지만 태자는 요지부동이었습니다.

"아들 된 자로서 백성의 고초와 경비 때문에 선왕의 장례를 미루는 것은 옳지 못하오. 그대들은 더 말하지 마시오." 爲人子而以民勞與官費用之故, 而不行先王之喪, 不義也, 子勿復言.

그래서 신하들은 더 말을 못 꺼내고 이 일을 당시 재상이었던 서수犀首에게 알립니다. 서수는 그들에게 "나도 드릴 말씀이 없네. 아무래도 이 일은 혜공惠公밖에 해결할 사람이 없으니 그에게 가서 알리게" 吾未有以言之也, 是其唯惠公乎, 請告惠公

라고 말했습니다. 혜공은 곧 혜시惠施로, 일찍이 위혜왕에게 중용된 유명한 웅변가입니다. 혜시는 이 일을 듣고 "알겠습니다"諾라는 한마디로 중책을 맡습니다. 그리고 곧장 가마를 타고 가서 태자를 만나 묻습니다.

"매장 날짜가 정해졌습니까?"葬有日矣?

이 말은 매장 날짜가 정해져 바꿀 수가 없느냐는 의미입니다. 태자는 "그렇네"然라고 딱 잘라 말합니다. 그러자 혜시는 태자에게 옛날이야기 하나를 들려줍니다.

"옛날에 문왕의 부친 계력季歷이 초산楚山 밑에 묻혔는데, 물이 그 묘를 침식해 관 앞부분이 밖으로 드러났습니다. 이를 보고 문왕이 '아, 아버님은 신하와 백성이 보고 싶어 물로 관을 드러낸 게 분명하다'라고 말했습니다. 그래서 관을 꺼내 조정에 놓고 백성이 보게 하고서는 사흘 뒤 다시 매장했습니다. 이것이 문왕의 옳은 이치입니다."昔王季歷葬於楚山之尾, 欒水齧其墓, 見棺之前和. 文王曰: '嘻! 先君必欲一見群臣百姓也夫, 故使水見之.' 於是出而爲之張於朝, 百姓皆見之, 三日而後更葬. 此文王之義也.

혜시는 이어서 말했습니다.

"지금 매장 날짜가 정해지긴 했지만 폭설이 내려 소의 눈높이까지 눈이 쌓여 수레가 나아가기 힘듭니다. 그런데도 태자께서는 날짜를 지키려고만 하시니, 그러면 다들 서둘러 매장하려 한다고 생각하지 않겠습니까? 바라옵건대 날짜를 바꾸십시오. 선왕께서는 틀림없이 조금 더 머무르며 태자께서 사직을 떠받치고 백성을 안정시키는 것을 돕고자 하시는 겁니다. 그래서 눈을 이렇게 많이 내리게 하신 거지요. 이것은 문왕의 옳은 이치와 같은 것입니다. 이런 상황에서도 그렇게 하지 않는다면 어찌 문왕을 본받기를 부끄러워하는 것이 아니겠습니까?"先王必欲少留而扶社稷安黔首也, 故使雪甚. 因弛期而更爲日, 此文王之義也. 若此而弗爲, 意者羞法文王乎?

이 말을 듣고 태자는 얼른 대답했습니다.

"그대 말이 참으로 맞소. 삼가 시기를 늦춰 다시 날짜를 택하겠소."甚善. 敬弛期, 更擇日.

### 명가와 종횡가의 관계

「위혜왕이 죽다」의 마지막 부분은 그 사건에 대한 논평입니다. 우리는 그 논평을 한 사람이 누구인지는 모릅니다. 하지만 누구의 이름도 기재하지 않았기 때문에 그 논평은 『전국책』의 기본 태도와 가장 가깝고, 또 『전국책』의 전체적인 의도를 가장 잘 보여 줍니다. 그것을 구체적으로 보면 혜시를 칭찬하면서, "혜시는 자신의 주장을 펼쳤을 뿐만 아니라 위나라 태자가 서둘러 선왕을 매장하지 않게 하고 스스로 문왕의 옳은 이치를 말하게 했다. 문왕의 옳은 이치를 말해 그것을 천하에 알리게 했으니, 이것이 어찌 작은 공이겠는가!"惠子非徒行其說也, 又令魏太子未葬其先王而因又說文王之義. 說文王之義以示天下, 豈小功也哉라고 했습니다.

여기에서 '유세'의 성취 단계에 관해 이야기해 봅시다. 뛰어난 유세객은 유세 상대가 듣기 싫어하거나 듣기를 원치 않는 말도 어떻게든 하고 맙니다. 이것이 첫 번째 성취입니다. 말을 하고 나서는 본래 의지가 굳고 절대 바뀌지 않을 것 같던 사람이 그 말 때문에 백팔십도 다른 결정을 합니다. 이것이 두 번째 성취입니다. 이 두 가지는 매우 어렵지만 앞서서 촉룡이 해냈고 혜시도 해냈습니다.

혜시는 촉룡이 미치지 못한 세 번째 성취도 이뤘습니다. 그는 기회를 틈타 '문왕의 옳은 이치'를 위나라 태자에게 가르쳤고, 나아가 태자가 매장을 연기하겠다고 공표할 때 그 견해를 인용하게 했습니다. 그래서 결과적으로 세상에 '문왕의 옳은 이치'를 전파했습니다.

그런데 우리가 시야를 넓혀 보면, 이른바 '문왕의 옳은 이치'라는 것의 유래가 매우 의심스럽다는 사실을 알게 됩니다. 인용된 문왕의 고사는 『전국책』에서만 한 차례 나타날

뿐, 다른 문헌에서는 유사한 기록과 견해를 전혀 찾아볼 수 없기 때문입니다. 바꿔 말해 우리는 아예 그 고사의 내력을 조사할 수도, 그 고사가 혜시가 지어낸 것인지 확인할 수도 없습니다.

혜시가 지어냈든 아니든 확실히 '문왕의 옳은 이치'는 전통적으로 알려져 있는 것과 다릅니다. 하지만 우리는 지금 그 신빙성을 따지기보다는 실질적인 작용에 주목해야 합니다. 만약 그 허울 좋은 '문왕의 옳은 이치'가 없었다면 위나라 태자의 마음을 바꿀 수 있었을까요? 혜시가 진정으로 의도했던 것은 당연히 '문왕의 옳은 이치'의 선양 같은 것이 아니었습니다. 태자에게 교묘히 뒤로 물러설 수 있는 여지를 주고 사람들의 골칫거리를 덜어 주는 것이었습니다.

이것이 전국시대 유사와 모사의 무시할 수 없는 또 하나의 역할이었습니다. 그들은 수많은 견해를 만들어 내 난세 속에서 군주들이 자신의 행위를 합리화할 수 있게 제공했습니다. 낡은 이치가 봉건 질서의 와해로 효력을 잃으면서 군주들은 하루하루 새로운 상황에 직면해 결정을 내려야 했습니다. 그들이 어떻게 결정해야 할지 모를 때 유사와 모사는 그들을 위해 아이디어를 냈습니다. 그리고 더 많은 경우, 결정을 내리고도 신하와 백성에게 뭐라고 설명해야 할지 모를 때 유사와 모사는 그들이 이유와 근거와 핑곗거리를 찾도록 도움을 주었습니다.

유사와 모사가 제공한 이유와 근거와 핑곗거리는 언제나 역사에서 비롯되었습니다. 혜시가 앞에서 고사를 인용한 것처럼 말입니다. 특히 고사 중에서도 가장 좋은 것은 고대 성현의 고사였습니다. 성현의 고사를 인용하면 그들이 주장하는 의견에 갑자기 권위와 무게가 더해졌습니다. 이런 관례는 전국시대를 중국 고대 역사의 대폭발 시대로 만들었습니다. 이전 역사에 대한 수많은 견해가 전국시대에 출현했고, 그중 많은 부분이 훗날 중국의 전통적인 역사 인식으로 정착되었습니다. 하지만 진지하게 들여다보면 여기에서 혜시가 말한 문왕의 고사처럼 전국시대 이전부터 전해져 내려왔다는 기록 가운데 얼마만큼이 근거 있는 역사적 사실이고, 얼마만큼이 전국시대 사람들이 '변론'의 현실적 수요를 채우려고 멋대로 지어낸 이야기인지 확실하게 판단하기 어렵습니다.

또한 혜시는 일반적으로 '명가'名家의 인물로 분류되지만, 앞의 이야기에서 보면 명가와 종횡가가 실제로는 확연히 구분되지 않았음을 알 수 있습니다. 어떤 관점에서 보면 명가는 종횡가의 파생물로서, 본래 변론술을 추구하는 과정에서 실용적인 단계를 넘어 변론술의 추상적인 규칙을 탐색하거나 현란한 '궤변'을 사람들에게 선보임으로써 명가가 되었습니다. 그리고 또 다른 관점에서 보면 명가는 종횡가의 기초로서, '이름'名과 '실재'實의 관계에 대한 그들의 깊이 있는 탐구는 종횡가가 상식을 초월하는 관점으로 언어를 다뤄 누구도 저항하기 힘든 설득의 기교를 찾아내는 데 큰 도움이 되었습니다.

## 어리석은 군주는 이익으로 유혹하라

이어서 『전국책』 진책의 「제나라가 초나라를 도와 진나라를 공격하다」齊助楚攻秦를 보겠습니다. 이 부분의 배경은 이렇습니다. 제나라가 초나라를 도와 진나라를 공격해 초나라가 곡옥曲沃을 점령했습니다. 이에 진혜왕은 제나라를 쳐서 복수를 하고 싶었지만, 제나라와 초나라의 긴밀한 관계가 마음에 걸렸습니다. 만약 제나라를 치면 초나라가 제나라를 도우러 올 가능성이 컸습니다. 그래서 진혜왕은 장의를 불러 물었습니다.

"과인이 제나라를 정벌하려고 하는데 제나라와 초나라의 관계가 가깝네. 그대는 과인을 위해 어떻게 해야 할지 생각해 주게."吾欲伐齊, 齊楚方欢, 子爲寡人慮之, 奈何?

이 물음은 제나라와 초나라를 이간질하는 임무를 장의에게 준 것이나 다름없었습니다. 장의는 사양하지 않고 말했습니다.

"신에게 수레와 돈을 준비해 주시면 시도해 보겠습니다."王其爲臣約車併幣, 臣請試之.

장의는 바로 남쪽으로 가서 초왕을 만나 말했습니다.

"저희 나라의 왕이 존경하는 사람으로 대왕만 한 분이 없습니다. 저도 신하로서 모시고 싶은 사람으로 대왕만 한 분이 없습니다. 그런데 저희 나라의 왕이 증오하는 사람으로 제왕만 한 자가 없으며 저도 싫어하는 사람으로 제왕만 한 자가 없습니다. 지금 저희 나라의 왕이 보기에 제왕의 죄가 너무 커서 정벌하려고 하는데, 귀국과 제나라의 관계가 친밀해 저희 나라의 왕은 대왕의 명령에 따를 길이 없고 신도 신하로서 대왕을 모실 길이 없습니다."弊邑之王所說甚者, 無大大王; 唯儀之所甚願爲臣者, 亦無大大王. 弊邑之王所甚憎者, 無先齊王; 唯儀甚憎者, 亦無大齊王. 今齊王之罪, 其於弊邑之王甚厚, 弊邑欲伐之, 而大國與之懽, 是以弊邑之王不得事令而儀不得爲臣也.

"저희 나라"로 시작해 "신도 신하로서 대왕을 모실 길이 없습니다"로 끝나는 장의의 이 말은 전국시대의 특수한 군신 관계를 반영하고 있습니다. 춘추시대에 공자가 제나라 경공景公에게 정중하게 말한, "임금은 임금다워야 하고, 신하는 신하다워야 하고, 아버지는 아버지다워야 하고, 자식은 자식다워야 한다"君君, 臣臣, 父父, 子子라는 이치는 이때에 와서 완전히 변질되었습니다. 임금과 신하의 관계는 더 이상 고정적인 신분 관계가 아니라 임시적인 봉사 관계로 바뀌었습니다. 본래 신분에 따른 절대적인 관계였지만, 이제 선택할 수 있고 수시로 바꿀 수도 있는 상대적인 관계가 돼 버린 겁니다. 장의는 진나라 사람으로서가 아니라 단지 진나라를 대표해 초나라에 갔을 뿐입니다. 그는 필요하다면 자신의 능력과 입장으로 초왕을 모실 수도 있었습니다. 그래서 너무나 당연하게 "신도 신하로서 대왕을 모실 길이 없습니다"라고 말한 겁니다.

신하는 반드시 정해진 군주에게 봉사할 필요가 없었고, 심지어 한 군주에게만 봉사할 필요도 없었습니다. 앞에서 언급한 소진은 조왕을 설득한 뒤, 우선 조나라의 신분으로 동쪽의 각국에서 유세하다 나중에 '합종' 연합체가 형성되어 좋은 시절이 오자 여섯 나라 재상의 인장을 다 갖고 다녔습니다. 다시 말해 어느 한 나라에 속하지 않고 동시에 여섯 나라의 신하 노릇을 한 겁니다. 이것은 춘추시대에는 상상도

할 수 없는 일이었습니다.

　비록 진나라를 대표해 초나라에 가긴 했지만 장의는 자신이 초왕에게 봉사할 수도 있다는 뜻을 표명했습니다. 이 말로 인해 그의 이어지는 말은 입장이 애매해져 더욱 상대의 관심을 끌게 됩니다. 여기에서 '애매해졌다'는 것은 그의 의견이 진나라의 이익을 대변해 제시되는 것인지, 아니면 초왕에게 봉사하려는 개인적인 입장에서 제시되는 것인지 알 수 없어졌음을 뜻합니다.

　하지만 장의는 그런 몇 마디 사탕발림으로 초왕의 마음을 움직일 수 있다고 생각할 만큼 순진하지는 않았습니다. 그는 즉시 구체적인 이익을 거론합니다.

　"대왕께서 만약 문호를 닫고 제나라와의 교류를 끊으시면 신은 상어商於의 사방 6백 리 땅을 대왕께 바치라고 진왕에게 청하겠습니다. 그러면 제나라는 진나라에 패해 필히 약해질 테고, 약해진 제나라는 필히 대왕께 순종할 겁니다. 그렇게 북쪽으로는 제나라를 약하게 만들고, 서쪽으로는 진나라에 덕을 베풀고, 또 상어의 땅까지 이익으로 취하시면, 하나의 계책으로 세 가지 이익을 얻으시는 겁니다."大王苟能閉關絶齊, 臣請使秦王獻商於之地, 方六百里. 若此, 齊必弱, 齊弱則必爲王役, 則是北弱齊, 西德於秦, 而私商於之地以爲利也, 則此一計而三利俱至.

이 조건은 확실히 매력적이었습니다. 그래서 초왕은 기뻐하며 장의의 의견을 받아들이고 조정의 신하들에게 자랑을 합니다.

"과인이 상어의 사방 6백 리 땅을 얻었노라."不穀得商於之田方六百里.

그 자리에 있던 신하들은 당연히 초왕에게 앞다퉈 축하의 말을 올립니다. 하지만 나중에 진진陳軫(본래 진나라 출신이지만 이때는 초왕의 신하로 일했습니다)이 따로 초왕을 만났는데, 오직 그만 축하의 뜻을 표하지 않았습니다. 초왕이 그에게 물었습니다.

"과인은 한 명의 병사도 동원하지 않고 한 명의 사람도 다치게 하지 않고 상어의 6백 리 땅을 얻었으니 스스로 지혜롭다고 생각하네. 그래서 모든 신하가 축하를 하는데 오직 그대만 축하를 하지 않으니 그 이유가 뭔가?"不穀不煩一兵不傷一人, 而得商於之地六百里, 寡人自以為智矣! 諸士大夫皆賀, 子獨不賀, 何也?

확실히 초왕의 머릿속에는 6백 리나 되는 땅을 얻게 되었다는 생각밖에 없었습니다. 제나라와 초나라의 관계가 변할 것이라는 사실은 염두에 두지 않았지요. 그리고 진진은 초나라에서 지혜로운 인물로 명성이 높았기 때문에 초왕은 그의 반응이 무척 신경 쓰였습니다.

진진은 초왕과 생각이 달랐습니다. 그는 이렇게 답했습니다.

"신은 상어의 땅을 얻지 못할 것이라고 생각합니다. 게다가 화가 닥칠 것이 분명해서 감히 망령되게 축하를 드리지 못했습니다."臣見商於之地不可得, 而患必至也, 故不敢妄賀.

찬물을 끼얹는 듯한 이 말에 초왕은 당연히 불쾌해져 "어째서 그렇다는 건가?"何也?라고 다시 물었습니다.

"진나라가 대왕을 중시하는 것은 대왕과 제나라가 친하기 때문입니다. 지금 땅도 아직 받지 않았는데 먼저 제나라와 관계를 끊는다면 초나라는 고립될 것이고, 진나라는 고립된 초나라를 중시하지 않을 겁니다. 만약 땅을 먼저 내놓아야 제나라와 관계를 끊겠다고 하면 진나라는 절대로 그렇게 하지 않을 겁니다. 먼저 제나라와 관계를 끊고 나중에 땅을 요구하면 장의에게 기만당해 대왕은 필히 한탄하실 겁니다. 그러면 서쪽으로는 진나라가 걱정거리가 되고 북쪽으로는 제나라와의 친교가 끊겨 두 나라의 군대가 초나라로 들이닥칠 겁니다."夫秦所以重王者, 以王有齊也. 今地未可得而齊先絶, 是楚孤也, 秦又何重孤國? 且先出地絶齊, 秦計必弗爲也. 先絶齊, 後責地, 且必受欺於張儀. 受欺於于張儀, 王必愧之. 是西生秦患, 北絶齊交, 則兩國兵必至矣.

초왕은 진진의 분석을 귀담아 듣지 않고 성을 냈습니다.

"과인이 잘한 일일세! 그대는 입을 다물고 내 일이 잘되기만 기다리게!"吾事善矣! 子其弭口無言, 以待吾事!

## 모사의 역할에 대한 강조

초왕은 사신을 보내 제나라와 단교했고, 그 사신이 돌아오기도 전에 다른 사신을 또 보내 단교의 뜻을 재확인했습니다. 하지만 장의는 초나라에서 진나라로 돌아오자마자 역시 제나라에 사신을 보내 몰래 동맹을 맺었습니다. 초왕은 왜 다급히 두 사신을 연달아 보낸 걸까요? 당연히 6백 리 땅을 서둘러 얻고 싶었기 때문입니다. 그는 장의의 요구 사항을 완수했다고 생각해 6백 리 땅을 인수하도록 장군 한 명을 진나라로 보냈습니다. 그런데 장의는 병을 핑계로 그 장군을 만나 주지 않았습니다.

돌아보면 진왕이 본래 장의에게 내린 임무는 진나라가 제나라를 칠 수 있도록 초나라와 제나라의 동맹 관계를 단절시키는 것이었습니다. 그런데 장의는 초왕이 쉽게 속임수에 넘어갔다는 것을 깨닫고 더 큰 이익을 취하기 위해 서둘러 책략을 바꿔 거꾸로 제나라와 동맹을 맺었습니다. 바로 전국 시대 특유의 변화막측한 외교 상황이라 할 수 있었지요.

한편 초왕은 장의가 얼굴을 내밀지 않는다는 얘기를 전해 듣고 속으로 생각했습니다.

'장의가 혹시 내가 제나라와 관계를 끊지 않았다고 생각하는 걸까?'張子以寡人不絶齊乎?

초왕은 즉시 용사들을 제나라로 보내 제왕을 욕하게 함으로써 초나라와 제나라 간에 어떠한 결탁도 불가능하다는 것을 증명했습니다. 장의는 그제야 초나라와 제나라 사이가 완전히 틀어졌음을 확신하고 초나라의 사신을 만나 입을 열었습니다.

"여기에서 저기까지 너비와 길이가 6리 정도 되겠군요." 從某到某, 廣從六里.

사신이 깜짝 놀라 물었습니다.

"신은 6백 리라고 들었습니다. 6리라는 말은 못 들었습니다." 臣聞六百里, 不聞六里.

장의가 대답했습니다.

"이 장의는 보잘것없는 사람인데 어찌 6백 리나 되는 땅이 있겠습니까?" 儀固以小人, 安得六百里?

장의는 진나라가 아니니 당연히 6백 리나 되는 땅을 갖고 있을 리가 없었습니다. 전에 그가 초왕 앞에서 얘기할 때도 "신은 상어의 사방 6백 리 땅을 대왕께 바치라고 진왕에

게 청하겠습니다"라고 했지요. 즉 처음부터 그 땅은 진왕의
것이지 장의의 것이 아니었던 겁니다!

사신은 빈손으로 돌아와 초왕에게 전후 사정을 고했습
니다. 이에 초왕은 속은 것을 알고 대노하여 즉시 군대를 일
으켜 진나라를 치려 했습니다. 이때 진진이 그에게 물었습
니다.

"신이 한 말씀 아뢰어도 되겠습니까?"臣可以言乎?

얼마 전에 초왕이 그에게 "그대는 입을 다물고 내 일이
잘되기만 기다리게!"라고 명했기 때문에 이제 그 금령이 풀
렸는지 물어본 겁니다. 초왕이 "말해도 되네"可矣라고 허락
하자 그는 비로소 자기 생각을 털어놓았습니다.

"진나라를 치는 것은 좋은 계책이 아닙니다. 차라리 진
나라에 큰 도시 하나를 주고 함께 제나라를 정벌하는 것이
낫습니다. 그러면 진나라에 준 것을 제나라에서 취할 수 있
으니 초나라는 잃는 것이 없습니다. 지금 대왕은 이미 제나
라와 관계를 끊었는데 진나라에 속은 것을 보복하려 하면 제
나라와 진나라가 손을 잡을 것입니다. 그러면 틀림없이 우리
초나라에 큰 타격이 될 겁니다."伐秦非計也. 王不如因而賂之一名都,
與之伐齊, 是我亡於秦而取償於齊也. 楚國不尚全乎? 王今已絶齊, 而責欺於秦,
是吾合齊秦之交也, 國必大傷.

하지만 초왕은 진진의 의견을 듣지 않고 군대를 일으켜 진나라를 공격했습니다. 이에 진나라는 과연 제나라와 연합했고, 여기에 한나라까지 끌어들여 세 나라가 한 나라를 상대하는 형국이 되었습니다. 결국 초나라 군대는 두릉杜陵에서 대패를 당하고 말지요. 이 패배로 초나라는 땅과 백성을 잃었을 뿐만 아니라 하마터면 멸망에 이를 뻔했습니다. 그 원인은 당연히 초왕이 진진의 계책에 따르지 않고 장의를 믿은 데에 있었습니다!

그런 방법으로 초왕을 속였으니 장의는 분명 정의롭지 못한 인물이었습니다. 하지만 진진도 그 못지않게 교활했습니다. 만약 초왕이 진진의 마지막 의견을 따랐다면 초나라가 아니라 제나라가 액운을 당했을 겁니다. 우리는 이 짧은 이야기를 통해 세 나라의 관계가 얼마나 복잡하게 뒤엉켜 변화했는지 알 수 있습니다. 그 밖에도 겉으로는 드러나지 않지만 역시 이 짧은 이야기를 통해 당시 국가 간의 관계가 얼마나 많은 사람에게 영향을 주었는지 상상할 수 있습니다. 성을 내주고, 땅을 점령하고, 이 나라에서 저 나라로 한 지역의 주인이 바뀌는 과정에서 그곳에 살던 백성의 삶은 크게 요동쳤을 겁니다. 네 나라의 군대가 엉켜 싸운 전투에서 또 얼마나 많은 이들이 피를 흘리고 목숨을 잃었을지는 더 말할 필요도 없겠지요. 전쟁이 이렇게 빈번했으니 백성의 삶도 덩달아 불안하기 짝이 없었을 겁니다. 따라서 당연히 어떤 강력한 세력이 나라와 나라 사이의 충돌을 영원히 끝내 주기를 점점 더 갈망하게 되었을 테지요. 바로 그런 갈망이 전국시대 후기에 통일 사상이 출현하도록 촉진했고, 진나라가 마지막에 여섯 나라를 통일할 수 있었던 중요한 밑거름이 되었습니다.

이 이야기는 전형적인 『전국책』 방식으로 마무리됩니다. 모든 성패와 득실의 원인을 모사에게 돌리는 것이지요. 진나라의 성공은 장의 덕분이고, 초나라의 실패는 진진의 계책을 따르지 않은 탓이라고 평합니다. 『전국책』을 읽다 보면 독자들은 그 시대의 역사가 모두 모사에 의해 좌우되었다고 믿기 쉽습니다.


**참을 수 없는 유혹**

장의와 소진은 종횡가의 대표적 인물이자 『전국책』에 기록된 핵심 인물입니다. 『전국책』 초책楚策에는 장의와 관련된 이야기가 여러 편 수록되어 있습니다.

그중 하나가 「장의가 초나라에 가서 가난을 겪다」張儀之

楚貧인데, 초나라에 간 장의가 처음에 성과가 없어 쪼들린 탓에 그를 따라간 사람이 못 참고 떠나려는 장면이 나옵니다. 장의가 그에게 말합니다.

"너는 필시 옷이 남루해져 떠나려고 하는구나. 기다리거라. 내가 너를 위해 초왕을 만나 보마."子必以衣冠之弊, 故欲歸, 子待我爲子見楚王.

이 일은 장의가 진나라로 들어가기 전에 있었던 일이 분명합니다. 장의는 가장 먼저 위나라에서 활약했지만, 나중에 공손연에게 견제를 받아 위혜왕에게 등용되지 못하고 초나라로 떠나야 했습니다. 하지만 앞에서 말한 대로 『전국책』의 기록이 전부 역사적 사실은 아니기 때문에 이 일이 있었던 연대를 자세히 따질 수도, 따질 필요도 없습니다.

먼저 중요한 배경부터 말해 보면, 당시 초나라 왕궁에서는 왕후 남후南后와 후궁 정수鄭袖가 초왕의 총애를 가장 많이 받았습니다. 이때 장의는 초왕을 만나 대단히 흥미로운 대화를 전개합니다.

처음 장의를 보고 초왕은 그리 반기는 표정이 아니었습니다. 그가 어떤 쓸모가 있는지 몰라 성가시기까지 했습니다. 그래서 장의가 먼저 입을 열었습니다.

"대왕께서 신을 쓸 데가 없다 하시면 신은 북쪽으로 가서 삼진三晉*의 군주를 찾아뵙겠습니다."王無所用臣, 臣請北見晉君.

초왕은 즉시 "그러게"諾라고 답했습니다. 그러자 장의가 물었습니다.

"대왕께선 혹시 삼진에 원하시는 것이 있습니까?"王無求於晉國乎?

"황금과 주옥과 상아와 무소뿔이 다 우리 초나라에서 생산되는데 그곳에서 무엇을 바라겠는가?"黃金, 珠璣, 犀象出於楚, 寡人無求於晉國.

장의는 짐짓 경탄하며 말했습니다.

"대왕은 미색을 별로 안 좋아하시는군요!"王徒不好色耳!

초왕은 호기심이 동해 물었습니다.

"그게 무슨 말인가?"何也?

"삼진 땅의 옛 정나라와 주나라 여자들이 화장을 하고 길거리에 서 있으면 모르는 사람들은 선녀인 줄 알 겁니다."
比鄭周之女, 粉白墨黑, 立于衢閭, 非知而見之者, 以爲神.

초왕은 마음이 동했습니다.

"초나라는 외진 나라여서 그렇게 아름다운 중원의 여자는 본 적이 없네. 또한 과인이 어찌 미색을 좋아하지 않겠는가?"楚, 僻陋之國也, 未嘗見中國之女如此其美也. 寡人獨何爲不好色也?

---

* 한·조·위 세 나라를 가리킨다.

그래서 초왕은 장의에게 재물을 주며 삼진에 가서 미녀를 찾아 달라고 했습니다.

이 소식은 곧장 남후와 정수의 귀에 들어갔습니다. 그것은 그녀들에게 보통 일이 아니었습니다. 장의가 정말로 중원의 미녀를 찾아 데려오면 그녀들은 찬밥 신세가 될 수밖에 없었습니다. 그래서 남후는 사람을 보내 장의에게 말을 전했습니다.

"장군께서 삼진으로 가신다는 얘기를 들었습니다. 마침제게 금 천 근이 있어 드리오니 노잣돈으로 쓰십시오."妾聞將軍之晉国, 偶有金千斤, 進之左右, 以供芻秣.

정수도 금 5백 근을 장의에게 전했습니다.

남후와 정수에게 금을 받은 장의는 과연 어떻게 일을 처리했을까요? 그는 초왕에게 하직 인사를 하러 가서 말했습니다.

"천하의 관문이 닫혀 길이 막혔으니 언제 다시 뵈올지 모르겠습니다. 바라옵건대 술을 한잔 내려 주십시오."天下關閉不通, 未知見日也, 願王賜之觴.

초왕은 응낙하고 술상을 차려 주었습니다. 장의는 반쯤 취하자 술기운을 빌려 초왕에게 두 번 절하고 어려운 부탁을 합니다.

"여기 다른 사람들이 있는 것도 아니니, 바라옵건대 대왕과 매우 친숙한 이를 불러 함께 술을 마시게 해 주십시오."

非有他人於此也, 願王召所便習而觴之.

아마 초왕도 술이 거나했던지 이번에도 쾌히 승낙하고 자기가 가장 총애하는 남후와 정수를 불러 장의와 자리를 함께하게 했습니다.

여기에는 확실히 남자들 사이의 어떤 묵계가 있었습니다. 북쪽에 가서 초왕을 위해 미녀를 찾아야 하는 장의는 먼저 초왕이 지금 총애하는 여인의 미모가 어느 정도인지 봐야 했던 겁니다.

그런데 남후와 정수를 보자마자 장의는 다시 초왕에게 두 번 절하고 말했습니다.

"신이 대왕께 죽을죄를 지었습니다!" 儀有死罪於大王!

초왕은 당연히 의아해하며 무슨 일이냐고 물었고, 장의는 이렇게 답했습니다.

"신이 천하를 두루 돌아다녔지만 눈앞의 이 두 분만큼 아름다운 여인은 보지 못했습니다. 그런데도 대왕께 미녀를 찾아 드린다고 했으니, 이는 신이 대왕을 속인 것입니다." 儀行天下徧矣, 未嘗見如此其美也. 而儀言得美人, 是欺王也.

이 말을 듣고 초왕은 화를 내기는커녕 기뻐하며 말했습

니다.

"그대는 사죄할 필요 없네. 과인은 본래 천하에 이 두 사람보다 아름다운 여인은 없을 것이라 생각했네."子釋之, 吾固以爲天下莫若是兩人也.

참으로 재미나는 에피소드입니다. 이렇게 장의는 먼저 초왕에게 돈을 받고 또 남후와 정수에게 훨씬 더 많은 뇌물을 받은 뒤, 마지막에는 한낱 괄시받는 유사에서 초왕과 사적으로 술을 마시며 비밀스러운 이야기까지 나누는 근신近臣이 되었습니다.

## 충성의 새로운 모델

### 세력 균형의 게임

이어서 『전국책』 초책의 「초양왕이 태자였을 때」楚襄王爲
太子之時를 읽어 보겠습니다. 초양왕楚襄王은 즉위하기 전 아직
태자였을 때 제나라에 인질로 보내졌습니다. 그러던 어느 날
아버지인 초회왕楚懷王이 죽었다는 소식이 전해졌고, 그는 당
연히 서둘러 귀국해 왕위를 계승해야 했습니다. 그런데 이때
제왕이 뜻밖에도 무리한 요구를 해 왔습니다.

"그대가 초나라 동쪽 5백 리 땅을 주면 돌아가게 해 주
지. 안 주면 못 돌아가네."予我東地五百里, 乃歸子. 子不予我, 不得歸.

이런 험악한 상황에서 태자는 어떻게 해야 할지 몰라 간신히 "신에게 사부가 있는데, 청컨대 사부에게 먼저 물어보겠습니다"臣有傅. 請追而問傅라고 답했습니다. 이 말을 통해 우리는 당시 태자가 인질로 갈 경우 시종 외에 대신이 '사부'의 자격으로 수행했음을 알 수 있습니다. 당시 태자의 사부는 신자慎子였습니다. 그의 의견은 이랬습니다.

"땅을 내주십시오. 땅은 몸을 의탁하기 위한 것인데 땅을 아끼느라 부친의 장례를 못 치르는 것은 옳지 못합니다. 신은 그래서 땅을 내주라고 말씀드리는 겁니다."獻之. 地所以爲身也, 愛地不送死父, 不義, 臣故曰獻之便.

여기에서 신자의 말은 땅을 내주라는 말을 빼면 전후 두 구절로 이뤄져 있는데, 각기 다른 정보를 전달합니다. 우선 앞 구절인 "땅은 몸을 의탁하기 위한 것인데"는 '실'實이며, 그 뜻은 "당신은 지금 남에게 잡혀 있으므로 땅 때문에 생명의 위험을 무릅써서는 안 됩니다. 생명을 잃거나 제나라에 붙잡혀 못 돌아가면 그깟 땅이 당신에게 무슨 의미가 있겠습니까?"입니다. 뒤 구절인 "땅을 아끼느라 부친의 장례를 못 치르는 것은 옳지 못합니다"는 '허'虛로서 신자가 태자를 위해 생각해 낸 구실입니다. 아들의 책임을 다하기 위해 제나라에 땅을 주는 것이라고 말하라는 뜻이지요. 태자가 초나라로 돌아가려 한 것이 설마 부친의 장례식에 참석하기 위해서 였겠습니까? 당연히 초나라 정국에 예상치 못한 변화가 생기기 전에 서둘러 귀국해 즉위하기 위해서였습니다. 하지만 그렇게 노골적으로 이야기할 수는 없으니, 봉건 예절에 따라 듣기 좋게 장례를 핑계로 대라는 것이었습니다.

그래서 태자는 제왕의 교활한 요구를 들어주고서야 초나라로 돌아갈 수 있었고, 돌아가서는 무사히 왕위에 올랐습니다. 그리고 얼마 후 제왕이 병거 50대의 사절단을 보내 땅을 요구했습니다. 초왕은 신자에게 이 일을 알리며 물었습니다.

"제나라 사신이 와서 동쪽 땅을 요구하는데 어떻게 하면 좋겠소?"齊使來求東地, 爲之奈何?

신자는 이렇게 답합니다.

"내일 신하들을 불러 일일이 대책을 말해 보라고 하십시오."王明日朝群臣, 皆令獻其策.

이튿날 먼저 초왕을 알현하러 온 사람은 상주국上柱國* 자량子良이었습니다. 초왕은 그에게 물었습니다.

"과인은 선왕의 장례를 치르고 신하들을 만나러 귀국하기 위해 동쪽 5백 리 땅을 제나라에 준다고 했네. 지금 제나라 사신이 와서 땅을 요구하니 어떻게 하면 좋겠나?"寡人之得

---

* 군대의 사령관.

求反王墳墓, 復群臣, 歸社稷也, 以東地五百里許齊. 齊令使來求地, 爲之奈何?

이에 자량이 말했습니다.

"땅을 내주지 않을 수는 없습니다. 왕의 입에서 나온 말은 옥처럼 귀중한 데다 제나라 같은 대국에 허락한 것이니 안 내주면 신용을 잃어 나중에 다른 나라와 동맹을 맺기 힘듭니다. 청컨대 먼저 내준 다음에 공격해 되찾으십시오. 땅을 줘서 신용을 지키고 공격하여 무력을 과시하십시오. 신은 그래서 땅을 내주라고 아뢰는 겁니다." 王不可不與也. 王身出玉聲, 許萬強乘之齊. 而不與則不信, 後不可以約結諸侯. 請與而復攻之. 與之信, 攻之武, 臣故曰: 與之.

자량이 나간 뒤 소상昭常이 들어왔습니다. 초왕은 그에게도 사정을 설명하고 똑같은 질문을 했지만 그의 대답은 달랐습니다.

"땅을 내주면 안 됩니다. 만승萬乘의 대국은 땅이 커서 만승의 대국인 것인데, 지금 동쪽 5백 리 땅을 잃는다면 전쟁을 할 수 있는 조건의 반을 잃는 것입니다. 그러면 만승의 호칭을 가져도 천승千乘도 동원할 수 없으니 안 됩니다. 신은 그래서 땅을 내주면 안 된다고 아뢰는 것이니, 바라옵건대 신이 그 땅을 지키게 해 주십시오." 不可與也. 萬乘者, 以地大爲萬乘, 今去東地五百里, 是去戰国之半也. 有萬乘之號, 而無千乘之用也, 不可. 臣故曰勿

與. 常请守之.

세 번째로 들어온 신하는 경리景鯉였습니다. 그도 소상
처럼 땅을 내주면 안 된다고 했지만 구체적인 의견에는 차이
가 있었습니다.

"땅을 내주면 안 됩니다. 하지만 초나라 혼자 힘으로 제
나라를 막기는 힘듭니다. 바라옵건대 신이 서쪽으로 가서 진
나라에 구원병을 요청하게 해 주십시오."不可與也. 雖然, 楚不能獨
守. 臣請西索救於秦.

이어서 들어온 사람은 신자였습니다. 초왕은 세 신하의
각기 다른 의견을 그에게 들려주고 누구의 의견을 따라야 할
지 물었습니다. 그런데 신자는 해괴한 대답을 합니다.

"세 사람의 의견을 다 채택하십시오!"王皆用之!

초왕은 당연히 어리둥절했을 겁니다. 농담을 하는 것이
아닌지 의심도 들었겠지요. 그래서 "그게 무슨 말인가?"何謂
也?라고 묻자 신자가 찬찬히 설명했습니다.

"바라옵건대 신의 해명을 들어 주십시오. 신이 농담을
하는 것이 아님을 아실 수 있을 겁니다. 대왕께서는 먼저 상
주국 자량에게 병거 50대를 주고 북쪽으로 보내 제나라에 5
백 리 땅을 바치게 하십시오. 또 자량을 보낸 다음 날에는 소
상을 대사마大司馬로 임명하고 그 동쪽 땅으로 보내 지키게

하십시오. 이어서 소상을 보낸 다음 날에는 경리에게 또 병거 50대를 몰고 서쪽으로 가서 진나라에 구원병을 요청하게 하십시오."臣請效其説, 而王且見其誠然也. 王發上柱国子良車五十乘, 而北獻地五百里於齊. 发子良之明日, 遣昭常爲大司馬, 令往守東地. 遣昭常之明日, 遣景鯉車五十乘, 西索救於秦.

초왕은 좋은 계책이라 생각해 신자가 하라는 대로 따릅니다. 그래서 먼저 자량이 제나라에 도착했고, 제나라는 즉시 동쪽 땅을 받기 위해 군대를 파견했습니다. 그런데 동쪽 땅에는 이미 소상이 와서 수비를 하고 있었습니다. 그가 제나라의 사신에게 말했습니다.

"이 동쪽 땅은 내가 관장하는데, 나는 이 땅과 생사를 함께할 거요. 이곳 사람들은 아이부터 60세 노인까지 모두 30만 명이 넘는데, 갑옷과 무기는 다 변변치 않지만 끝까지 함께 싸우려 하오."我典主東地, 且與死生. 悉五尺至六十, 三十餘萬, 弊甲鈍兵, 願承下塵.

이 소식을 듣고 제왕은 당연히 자량에게 물었습니다.

"그대가 와서 땅을 바쳤는데 지금 소상이 그 땅을 지키고 있으니 이게 무슨 일인가?"大夫來獻地, 今常守之何如?

자량은 이렇게 답했습니다.

"신은 직접 저희 대왕의 명을 받았습니다. 소상은 왕명을 빙자해 그런 짓을 하는 듯하니 대왕께서는 그를 공격하십 시오."臣身受弊邑之王, 是常矯也, 王攻之.

그래서 제왕은 대규모 군대를 동원해 동쪽 땅을 공격하 게 했습니다. 그런데 제나라 군대가 국경을 넘기도 전에 진 나라의 50만 대군이 제나라의 서쪽 변경으로 다가왔습니다. 그들은 제나라를 호되게 꾸짖었습니다.

"초나라 태자를 막아 못 떠나게 한 것은 불인不仁이고, 또 초나라 동쪽 땅을 탈취하려 한 것은 불의不義다. 너희가 지금 물러나면 괜찮겠지만 물러나지 않으면 우리가 너희와 싸울 것이다."夫陸楚太子弗出, 不仁; 又欲奪之東地五百里, 不義. 其縮甲則 可, 不然, 則願待戰.

이에 겁을 먹은 제왕은 먼저 자량을 초나라로 돌려보내 초왕의 양해를 얻게 한 후 군대를 수습해 진나라 군대를 물 러나게 했습니다. 그래서 초나라는 병사 한 명 잃지 않고 동 쪽 5백 리 땅을 지킬 수 있었습니다.

이 이야기는 신자의 지혜를 부각시키는 동시에 그 시대 에 나라를 안정적으로 유지하는 것이 얼마나 힘든 일이었는 지 보여 줍니다. 앞서 장의의 이야기에서 나왔던 '6백 리 땅' 과 여기 신자의 이야기에 나오는 '5백 리 땅'은 모두 그런 임 의적인 방식으로 주인이 바뀔 수도 있었습니다. 국력의 기초인 땅과 백성이 수시로 변동을 겪을 수 있었으니 대내적으로 나라를 다스리고 대외적으로 다른 나라와 경쟁하기가 얼마나 어려웠겠습니까?

이 밖에도 우리는 그렇게 격렬한 변화에도 불구하고 최종적으로는 나라와 나라 사이의 복잡한 견제로 인해 그 시대가 어느 정도는 상시적인 균형 상태를 유지했음을 알게 됩니다. 나라와 나라 사이에 끊임없이 긴장 국면이 조성되기는 했지만, 그렇게 많은 나라의 땅과 군사력이 복잡하게 뒤엉켜 힘겨루기가 벌어진 덕에 그런 전란의 시대가 역동적인 균형 아래 2백 년이나 지속될 수 있었던 겁니다.


### 군주의 지혜를 시험하라

다시 『전국책』 진책으로 돌아가 장의와 진진이 지혜를 겨루는 이야기의 후속편인 「초나라가 제나라와 관계를 끊다」楚絶齊를 살펴보겠습니다.

앞에서 본 것처럼 초나라는 장의의 속임수에 넘어가 막무가내로 제나라와 관계를 끊었습니다. 초왕은 심지어 제나라로 사람을 보내 제왕을 모욕하기도 했습니다. 이에 더 이상 참을 수 없었던 제나라는 군사를 일으켜 초나라를 공격했습니다. 이때 진진이 초왕에게 말했습니다.

"대왕께서는 동쪽으로 제나라에 땅을 선사해 양해를 구하고, 서쪽으로는 진나라와 수교를 맺으시는 편이 낫습니다." 王不如以地東解於齊, 西講於秦.

진진은 이렇게 전쟁을 피하자고 초왕에게 건의했습니다. 왜냐하면 이때 동쪽과 서쪽의 두 강국인 제나라와 진나라가 이미 동맹을 맺어 초나라는 양쪽을 한꺼번에 대적해야 했기 때문입니다. 또한 초나라는 제나라에 너무 큰 실례를 저질러 땅으로 배상을 하지 않으면 전쟁을 피할 수가 없었습니다. 그나마 진나라는 담판으로 평화로운 관계를 끌어낼 수 있다고 진진은 판단했습니다. 초왕은 그 전에 진진의 말을 듣지 않아 큰 손해를 봤기 때문에 이번에는 순순히 들을 수밖에 없었습니다. 그래서 기왕에 진진이 진나라와 수교를 맺자고 건의한 김에 그 임무를 아예 그에게 맡겨 진나라로 보냈습니다.

진진이 진나라에 도착하자 진혜왕은 일부러 그에게 사근사근하게 굴었습니다.

"그대는 우리 진나라 사람이고 과인과는 초면이 아니지. 단지 과거에 과인이 영리하지 못하고 친히 국사를 결정하지 못해 그대가 진나라에서 중용되지 못하고 초왕을 섬기게 되었네. 지금 제나라와 초나라가 서로 싸우는데 누구는 진나라가 제나라를 도와야 한다고 하고, 또 누구는 도우면 안 된다고 하네. 그대는 초왕에게 충성하여 계책을 세우기는 하지만, 과인을 위해서도 남은 계책을 얘기해 줄 수 없는가?" 子秦人也, 寡人與子故也. 寡人不佞, 不能親國事也, 故子棄寡人事楚王. 今齊楚相伐, 或謂救之便, 或謂救之不便, 子獨不可以忠爲子計, 以其餘爲寡人乎?

　　진혜왕의 뜻은 매우 분명했습니다. 진진이 초왕의 이익만 염두에 둔다면 진나라가 제나라를 돕지 말기를 바랄 것이 뻔했고, 그것은 진나라에 좋을 것이 없었습니다. 만약 그렇게 일방적으로 초나라의 입장에 서서 진나라에 출병을 하지 말아 달라고 부탁할 거라면 아예 말할 필요도 없고, 듣고 싶지도 않다고 진혜왕은 밝힌 겁니다. 이에 진진은 다음과 같은 이야기를 들려줍니다.

　　"대왕께서는 초나라에 간 오吳나라 유사에 관해 들어 본 적이 없으십니까? 초왕은 그를 매우 아껴서 그가 병이 나자 사람을 보내 '정말 병이 났는가, 고향이 그리운 건가?'라고 물었습니다. 그러자 유사 곁에 있던 사람이 '그가 고향을 그리워하는지 아닌지는 모르겠으나, 진실로 그리워한다면 오나라 노래를 부를 겁니다'라고 말했습니다. 이제 신이 대왕을 위해 오나라 노래를 부르고자 합니다." 王獨不聞吳人之遊楚者

乎? 楚王甚愛之, 病, 故使人問之曰: '誠病乎? 意亦思乎?' 左右曰: '臣不知其思與
不思, 誠思則將吳吟.' 今軫將爲王吳吟.

앞에서 진혜왕은 예의를 갖춰 진진에게 "과인을 위해서
도 남은 계책을 얘기해 줄 수 없는가?"라고 물었습니다. 이
에 진진은 이 이야기로 넌지시 그러겠다는 뜻을 표한 겁니
다. 다시 말해 "이제 신은 초나라의 입장에 서지 않고 진나라
사람의 신분으로 말씀드리겠습니다"라고 한 것이지요.

"대왕께서는 관여管與가 한 말을 들어 본 적이 없으십니
까? 호랑이 두 마리가 사람을 보고 서로 먹으려고 다투는데
관장자管莊子가 나서서 찌르려 하자 관여가 제지하며 말했습
니다. '호랑이는 욕심 많은 동물이고 사람은 먹음직스러운
먹이라 지금 두 호랑이가 서로 차지하려고 싸우니 틀림없이
약한 놈은 죽고 강한 놈은 다칠 걸세. 그대가 기다렸다 다친
호랑이를 찌른다면 일거에 두 호랑이를 얻는 셈이지. 호랑이
한 마리 찌르는 수고도 하지 않고 두 마리를 찔렀다는 명성
을 얻게 될 걸세.'" 王不聞夫管與之說乎? 有兩虎諍人而鬪者, 管莊子將刺
之, 管與止之曰: '虎者, 戾蟲; 人者, 甘餌也, 今兩虎諍人而鬪, 小者必死, 大者必傷.
子待傷虎而刺之, 則是一擧而兼兩虎也. 無刺一虎之勞, 而有刺兩虎之名.'

이렇게 고사를 인용한 뒤, 진진은 본론을 이야기하기 시
작합니다.

"제나라와 초나라가 지금 싸우면 제나라가 필히 패할 겁니다. 제나라가 패한 후에 대왕이 군대를 일으켜 구해 준다면 제나라를 구해 준 것으로 인한 이익(제나라가 치를 사례)은 있지만 초나라를 공격한 것으로 인한 손해는 없을 겁니다. 계책을 판단하고 계책을 들어 그 시비가 뒤바뀐 점을 알아내는 것은 오직 대왕만 가능합니다. 계책은 일의 근본이며, 계책을 듣고 따르는 것이 나라의 존망을 결정합니다. 한쪽으로 치우친 잘못된 계책을 듣고서 나라를 보전한 군주는 드뭅니다. 그래서 말하길, '여러 계책을 숙고하는 자는 실수하기 어렵고, 계책을 처음부터 끝까지 잘 들어 이해하는 자는 쉽게 미혹되지 않는다'라고 한 겁니다." 齊楚今战, 戰必敗. 敗, 王起兵救之, 有救齊之利, 而無伐楚之害. 計聽知覆逆者, 唯王可也. 計者事之本也, 聽者存亡之機. 計失而聽過, 能有國者寡也. 故曰: '計有一二者難悖也, 聽無失本末者難惑.

여기에서 진진은 특별히 '계책'計과 '듣는 것'聽을 나란히 제시합니다. '계책'은 신하와 유사가 제시하며, 그것을 '듣는 것'은 곧 군주의 선택입니다. 군주가 여러 계책을 많이 듣고 숙고해 그 이치를 파악한다면, 수많은 계책 앞에서 방향을 잃고 잘못된 결정을 내릴 리가 없습니다. 그런데 진진의 이런 표현법은 그 근본 의도가 진혜왕에게 영향을 끼쳐 자신이

'진나라 사람'의 입장에서 진혜왕과 진나라의 이익을 위해 그런 계책을 제시한 것처럼 느끼게 하는 데에 있었습니다.


### 인재를 끌어모아라

전국시대의 주제 중 하나는 사람과 사람 사이의 충성 관계였습니다. 그 관계를 어떻게 확립하고 조정할 것인지가 화두였지요. 진혜왕은 진진이 초나라의 이익을 위해 이야기하는지, 아니면 정말로 진나라 사람의 입장으로 돌아가 이야기하는지 어떻게 알아낼 생각이었을까요? 마찬가지로 초왕은 진진이 초나라의 이익을 먼저 고려하는지 어떻게 확인했을까요? 장의도 초나라에 사신으로 가서 초왕의 비위를 맞추며 "신하로서 대왕을 모시고 싶다"甚願爲臣고 하지 않았습니까? 그때 초왕은 무엇을 기준으로 장의를 믿을지, 진진을 믿을지 결정했을까요? 장의는 초나라 사람이 아니었지만 진진도 마찬가지였습니다!

이것은 대단히 큰 난제였고, 이 난제로 인해 전국시대에는 '양사'養士라는 유행이 생겨났습니다. 그러면 양사란 무엇이고 왜 양사를 하려 했을까요? 그 유동적이고 애매하고 불안정했던 충성 관계를 배경으로 이해해 보면, 양사는 충성 관계를 잠시 고정시키기 위한 새로운 방법이자 시도였습니다. 쉴 새 없이 돌아다니는 수많은 유사 중에서 일부를 뽑아 그들에게 안락한 생활을 제공하면서 그 기간에는 한 주인에게만 충성을 바치며 그 주인의 이익만 신경 쓰게 했던 겁니다.

양사가 유행하던 때에 가장 유명했던 이들은 '전국사공자'戰國四公子인 맹상군, 평원군平原君, 신릉군信陵君, 춘신군春申君이었습니다. 그리고 양사의 규모와 효과, 더욱이 명성 면에서 가장 두드러지고 중요했던 인물은 제나라의 맹상군 전문田文이었습니다. 『전국책』에 나오는 맹상군에 관한 많은 이야기를 통해 우리는 새로 생겨난 충성 관계를 또 다른 시각으로 확인할 수 있습니다.

우선 가장 유명하고 늘 고전 선집과 교재에 수록되는 「제나라에 풍훤이라는 사람이 있었다」齊人有馮諼者를 보겠습니다. 옛날에 제나라 사람 풍훤이 찢어지게 가난하여 다른 사람에게 부탁해 맹상군에게 문객門客으로 들어가고 싶다는 말을 전했습니다. 맹상군은 말을 전하러 온 사람에게 물었습니다.

"그는 무엇을 좋아하오?"客何好?

그 사람이 "좋아하는 것이 없습니다"客無好也라고 답하자 맹상군은 또 물었습니다.

"그는 무엇을 잘하오?"客何能?

그 사람은 "할 줄 아는 게 없습니다"客無能也라고 답했습니다. 이에 맹상군은 웃고서 풍훤을 문객으로 받아들이는 것을 허락했습니다. 이 과정을 지켜본 맹상군의 측근들은 주인이 풍훤을 멸시한다고 생각해 그를 하찮게 대우했습니다. 풍훤을 도와 말을 전하러 간 사람도 분명히 풍훤을 낮게 평가해 맹상군의 문객이 될 자격이 없다고 생각했을 겁니다. 그런데 능력도 없고 특징도 없으며 한번 만나본 적도 없는 사람을 맹상군은 왜 문객으로 받아들였을까요? 이것이 바로 전국시대 '양사' 문화의 특색이었습니다. 맹상군은 풍훤이 범상치 않다고 느꼈고, 그런 범상치 않은 사람은 아마도 비상한 능력을 가졌을 것이라고 생각했습니다. 다른 각도로 보면 양사 문화는 바로 그런 까닭에 짐짓 허세를 부리는 자를 양산하기도 했습니다. 그들은 능력이 없으면 없을수록 남들과 다른 것처럼 가장했습니다. 그래서 훗날 『순자』와 『한비자』에서 그런 기풍을 가진 자를 그렇게 여러 차례 강하게 비판했던 겁니다.

한편 그 뒤에 벌어진 일은 한층 더 과장됩니다. 한동안 문객 생활을 하던 중에 풍훤은 기둥에 기대어 장검을 튕기면서 노래를 부릅니다.

"장검아, 집에 돌아가자, 식사 때 반찬에 생선이 없구나."長鋏歸來乎, 食無魚.

주위에서 이 일을 보고하자 맹상군이 말했습니다.

"보통 문객처럼 생선을 먹게 해 줘라."食之, 比門下之客.

그런데 얼마 후 풍훤이 또 기둥에 기대어 장검을 퉁기며 노래를 불렀습니다.

"장검아, 집에 돌아가자, 외출을 하려 해도 수레가 없구나."長鋏歸來乎, 出無車.

정말 욕심이 끝도 없었습니다. 주위에서 이를 비웃으며 또 보고하자 맹상군은 말했습니다.

"지위가 높은 문객처럼 수레를 타게 해 줘라."爲之駕, 比門下之車客.

수레가 생기자 풍훤은 장검을 찬 채 수레를 타고서 친구에게 자랑을 했습니다.

"맹상군이 나를 문객으로 대접해 준다네!"孟嘗君客我!

그리고 또 얼마 후 풍훤이 이번에도 장검을 퉁기며 노래를 불렀습니다.

"장검아, 집에 돌아가자, 가족을 부양할 수 없구나."長鋏歸來乎, 無以爲家.

이 노래를 듣고 주위에서는 해도 해도 너무한다는 생각에 반감을 품었습니다. 하지만 맹상군이 이를 알고 물었습니다.

"풍훤에게 가족이 있는가?"馮公有親乎?

누가 "노모가 있습니다"라고 답했습니다. 맹상군은 즉시 풍훤의 집에 사람을 보내 그의 노모에게 음식과 생필품을 전달해 사는 데 부족함이 없게 해 주었습니다. 결국 풍훤은 더 이상 검을 튕기며 노래를 하지 않았습니다.

이때까지 풍훤은 맹상군을 위해 아무 일도 하지 않았고, 심지어 어떤 능력도 보여 주지 않았습니다. 그저 뻔뻔하게 무리한 요구를 되풀이하면서 집에 돌아가겠다고 협박을 했을 뿐입니다. 하지만 그런데도 맹상군은 그의 요구에 맞춰 계속 대우를 높여 주었지요.

물론 맹상군이 그렇게 한 이유는 많은 이를 부양할 만큼 돈과 권력이 있었기 때문입니다. 하지만 더 중요한 이유는 전국시대 군주와 귀족의 보편적인 심리였습니다. 그때는 인재를 판별하는 전통 방식이 효력을 잃어서 누가 능력이 있고 없는지 판단할 방법이 묘연했습니다. 그래서 진짜 인재를 놓칠까 두려워했고, 그러느니 차라리 모두 받아들이자는 생각이 우세해졌습니다. 때로는 괴팍하고 이해가 안 가는 사람일

수록 기재일 가능성이 크기도 했으니까요. 따라서 가장 좋은 방법은 최대한 인재를 모으고 키우면서 함부로 내치지 않는 것이었습니다.

드디어 어떤 일 때문에 문객들의 도움이 필요해진 맹상군이 그들에게 공고를 냅니다. "누가 회계를 익힌 적이 있어, 설薛에 가서 나 대신 빚을 받아 낼 수 있겠소?"誰習計會,能爲文收責於薛者乎?라는 내용이었습니다. 설은 맹상군의 봉지이자 그의 근거지였습니다. 그의 부의 원천은 설 땅의 백성이 내는 세금이었지요. 그는 본래 징수하는 소작료 외에 백성에게 빌려준 돈의 이자도 받아 내야 했습니다. 그래서 설에 가서 돈을 받고 계산할 사람이 필요했던 겁니다.

결국 풍훤이 공고문에 자신의 이름을 적어 그 일을 맡겠다고 나섰습니다. 맹상군이 그 이름이 낯설어 누구냐고 묻자, 옆에 있던 사람이 말했습니다.

"장검을 튕기며 집에 돌아가겠다고 노래한 바로 그자입니다."乃歌夫長鋏歸來者也.

맹상군이 웃으며 말했습니다.

"그 문객이 과연 능력이 있긴 있었군. 그 사람을 볼 면목이 없군그래. 아직까지 그 사람을 만난 적도 없으니."客果有能也, 吾負之, 未嘗見也

154

그는 즉시 풍훤을 불러 이야기를 나눴습니다.

"내가 일에 지치고 걱정거리가 많은 데다 천성이 우둔하여 나랏일에서 헤어나지 못해 선생에게 실례를 저질렀소. 선생이 괜찮다면 설에 가서 빚을 받아 주겠소?"文倦於事,憒於憂,而性懧愚,沉於國家之事,開罪於先生. 先生不羞, 乃有意欲爲收責於薛乎?

풍훤은 짧게 그러겠다고 답했습니다. 맹상군은 그에게 수레와 말, 의복 등을 준비해 주고 빌려준 돈의 차용증도 넘겨주었습니다. 그런데 풍훤은 출발하기 전에 하직 인사를 하러 와서 따로 맹상군에게 물었습니다.

"빚을 다 받으면 그 돈으로 무엇을 사 올까요?"責畢收, 以何市而反?

맹상군이 말했습니다.

"내 집에 모자란 것이 무엇인지 살펴 사 오시오."視吾家所寡有者.

풍훤은 설 땅에 도착해 아전을 불러 빚을 진 사람들을 데려오게 한 다음 일일이 차용증과 대조했습니다. 빚을 갚아야 하는 사람을 그렇게 다 확인한 뒤에 그는 거짓으로 맹상군의 명령이라며 모든 빚을 탕감해 준다고 선언했습니다. 심지어 그 자리에서 차용증을 불사르기까지 했습니다. 그 사람들은 당연히 기뻐하며 만세를 불렀습니다.

만족스럽게 일을 마친 풍훤은 곧장 설을 떠나 임치臨淄로 돌아와 새벽같이 맹상군을 만나러 갔습니다. 이는 맹상군이 의문을 품게 하기 위해 일부러 계획한 행동이었습니다. 과연 맹상군은 그가 너무 빨리 온 것을 의아해하며 옷을 챙겨 입고 그를 만나자마자 물었습니다.

"빚은 다 받았소? 어떻게 이렇게 빨리 왔소?"債畢收乎? 來何疾也?

풍훤은 역시 짧게 다 받았다고 답했습니다. 맹상군이 다시 물었습니다.

"그러면 물건은 사 왔소?"

풍훤은 맹상군이 이 질문을 하기를 기다렸습니다. 그는 비로소 비교적 긴 이야기를 시작합니다.

"주군은 집에 모자란 것을 사 오라고 말씀하셨지요. 마음속으로 생각해 보니 주군의 궁 안에는 진귀한 보물이 쌓여 있고, 바깥에는 말과 개가 마구간에 가득 차 있으며, 미인도 장사진을 칠 정도로 많습니다. 주군의 집에 모자란 것은 의로움義밖에 없기에 주군을 위해 의로움을 사 왔습니다."君云: '視吾家所寡有者.' 臣竊計, 君宮中積珍宝, 狗馬室外廏, 美人充下陳, 君家所寡有者, 以義耳, 竊以爲君市義.

수수께끼 같은 말이었습니다. 맹상군이 궁금함을 못 참

고 물었습니다.

"의로움을 어떻게 샀다는 것이오?"市義奈何?

풍훤이 말했습니다.

"지금 주군의 봉지는 작은 설 땅인데, 그곳 백성을 자식처럼 사랑하기는커녕 그들에게서 이득을 취하셨습니다. 그래서 신이 몰래 주군의 명령을 가장하여 빚을 탕감해 주고 차용증을 불살랐더니 그들이 모두 만세를 불렀습니다. 이렇게 신은 주군을 위해 의로움을 사 왔습니다."今君有區區之薛, 不撫愛子其民, 因而賈利之. 臣竊矯君命, 以賣賜諸民, 因燒其券, 民稱萬歲. 乃臣所以爲君市義也.

빚을 받아오기는커녕 멋대로 다 탕감해 주고 오히려 당당하게 자신을 꾸짖는 풍훤 앞에서 맹상군은 할 말을 잃었습니다. 아무리 성격이 좋고 평소에 문객에게 예의를 지키는 그일지라도 결국 참을 수가 없어 인상을 찌푸리고 말했습니다.

"됐소, 더 말하지 마시오!"諾, 先生休矣!

극화된 이 이야기에서 우리는 첫 번째로 맹상군이 정말로 그 빚과 이자가 필요하지는 않았음을 알 수 있습니다. 두 번째로 그는 풍훤이 설 땅에 가서 오래 머물다 올 것으로 예상했습니다. 빚을 진 사람이 돈을 마련해 빚을 갚고 이자를 지불하기란 그렇게 쉽고 순조로운 일이 아니었기 때문입니다. 틀림없이 몇몇은 체불을 하거나 발뺌을 해서 한바탕 갈등을 겪을 것이라고 생각했습니다. 세 번째로 맹상군은 풍훤의 보고를 듣고 분명 그가 일부러 사고를 쳤다고 생각했을 겁니다. 처음에 푸대접을 받은 것에 대한 앙갚음으로 말이지요. 그런데 맹상군은 손해도 크고 화도 났지만 풍훤을 내치지 않았습니다. 그것이 바로 그가 양사의 모범이 될 수 있었던 가장 중요한 소양이었습니다.

그로부터 1년 뒤 제나라 정계에 큰 변화가 생겨 맹상군은 권력을 잃었습니다. 그를 중용했던 제나라 위왕威王이 죽고 새로 즉위한 선왕이 "과인은 감히 선왕先王의 신하를 신하로 삼을 수 없다"寡人不敢以先王之臣爲臣라는 핑계로 맹상군을 궁정에서 내쫓았기 때문입니다. 맹상군은 제왕의 궁정에서 할 일이 없어져 임치를 떠나 자신의 봉지로 돌아가야 했습니다.

맹상군이 설 땅으로 돌아가는데, 도착하려면 아직 멀었는데도 남녀노소가 마중을 나와 그를 맞이했습니다. 그는 감동했고, 자기가 이런 환영을 받는 이유를 똑똑히 깨닫고서 옆에 있던 풍훤에게 말했습니다.

"선생이 나를 위해 사 온 의로움을 오늘에서야 보았소."

先生所爲文市義者, 乃今日見之.


## 몸값을 끌어올리는 기술

설 땅에서 맹상군을 위해 '의로움을 사 온 것'이 긴 안목
으로 행한 옳은 일이었음을 증명한 풍훤은 맹상군의 신뢰를
얻은 김에 또 의견을 올렸습니다.

"교활한 토끼는 굴이 세 개가 있어야 겨우 죽음을 면할
수 있습니다. 지금 주군은 이곳 설 땅이라는 굴 하나밖에 없
으니 아직은 베개를 높이 베고 누우실 수 없습니다. 신이 주
군을 위해 굴 두 개를 더 파드리겠습니다." 狡兔有三窟, 僅得免其死
耳. 今君有一窟, 未得高枕而卧也. 請爲君復鑿二窟.

맹상군은 더 묻지도 않고 그에게 필요한 준비를 해 주었
습니다. 풍훤은 곧 서쪽 위나라로 가서 역시 인재 확보에 혈
안이 돼 있던 위혜왕을 만나 말했습니다.

"제나라가 맹상군을 쫓아냈으니 어느 나라의 군주든 먼
저 맹상군을 맞아들이기만 하면 부국강병을 이룰 겁니다." 齊
放其大臣孟嘗君於諸侯, 諸侯先迎之者, 富而兵强.

위혜왕은 이 계책에 걸려들었습니다. 당장 재상을 상장
군으로 임명해 그 자리를 비우고서 최고의 예우를 갖춰 맹상

군을 재상으로 초빙했습니다. 그런데 풍훤은 위나라 사절단이 오기 전에 먼저 제나라에 도착해 맹상군에게 말했습니다.

"천금은 큰돈이고 수레 백 대는 큰 규모이니 제왕이 틀림없이 이 일을 알게 될 겁니다."千金, 重幣也; 百乘, 顯使也. 齊其聞之矣.

이 말은 본래 풍훤의 계획이 맹상군을 정말로 위나라 재상이 되게 하는 것이 아니라 제왕에게 시위하는 것이었음을 알려 줍니다. 맹상군은 눈치 빠르게 그의 말뜻을 알아듣고, 위나라 사신이 세 번이나 찾아왔는데도 세 번 다 완곡하게 사양합니다.

과연 일은 풍훤의 예상대로 진행되었습니다. 제왕은 이 일을 전해 듣고는 놀라 신하들과 함께 우왕좌왕했습니다. 그러다 서둘러 태부太傅(갓 즉위한 군주였으므로 가장 믿을 만한 신하는 틀림없이 태자 때의 스승인 태부였을 겁니다)를 시켜 황금 천 근과 제왕의 검, 호화로운 수레 두 대를 갖고 맹상군을 찾아가 정식으로 사과의 말을 전하게 했습니다.

"과인이 상서로운 사람이 못 되어 종묘의 조상이 내린 화를 입은 데다 신하들의 아부에 빠져 그대에게 죄를 지었소. 과인이 부족하기는 하지만, 선왕의 종묘를 생각하여 다시 돌아와 나라를 다스려 줄 수 없겠소?"寡人不祥, 被於宗廟之祟,

沉於諂諛之臣, 開罪於君. 寡人不足爲也, 願君顧先王之宗廟, 姑反國統萬人乎?

이때 풍훤은 맹상군에게 한 가지 조건을 제왕에게 제시하라고 합니다.

"선왕의 제기祭器를 달라고 하고, 또 이곳 설 땅에 종묘를 세워 달라고 청하십시오."願請先王之祭器, 立宗廟於薛.

맹상군은 그의 말을 따랐고, 제왕은 선뜻 선왕의 제기 중 일부를 설 땅에 보내는 동시에 종묘도 따로 그곳에 세워 주었습니다. 풍훤은 그제야 맹상군에게 말했습니다.

"굴 세 개를 다 마련했으니 주군은 베개를 높이 베고 편히 주무셔도 됩니다."三窟已就, 君姑高枕爲樂矣.

결국 맹상군은 수십 년간 제나라의 제상을 지내면서 어떤 작은 화도 입지 않았습니다. 그것은 모두 풍훤의 고명한 계책 덕분이었습니다.

이 이야기는 대단히 뛰어나지만 한 가지 문제가 있습니다. 그냥 읽으면 사실 풍훤이 계획한 '굴 세 개'가 도대체 어떠한 작용을 했는지 이해하기 어렵습니다. 특히 마지막 계책이 제일 그렇습니다. 설 땅에 선왕의 종묘를 세운 것은 어떤 의미였을까요? 이를 더 깊이 이해하려면 『전국책』 제책의 또 다른 이야기 「맹상군이 설에 있을 때」孟嘗君在薛를 살펴봐야 합니다.

### 도움을 얻으려면 애쓰지 마라

맹상군이 설 땅에 있을 때 초나라가 군사를 일으켜 그곳을 공격했습니다. 이때 마침 초나라에 사신으로 파견을 갔던 순우곤淳于髡이 제나라로 돌아오다가 설 땅을 지나게 되었습니다. 맹상군은 사람을 보내 예의를 갖춰 그를 맞이하는 한편, 자기도 직접 교외에 나가 정중히 그를 맞이하며 말했습니다.

"초나라가 설을 공격하는데 선생이 이를 염려해 주시지 않는다면 저는 다시는 선생을 모실 수 없을 겁니다."荊人攻薛, 夫子弗憂, 文無以復侍矣.

이 말은 완곡하기는 해도 분명하게 자기 의사를 표현하고 있습니다. 만약 순우곤이 제왕이 설을 구해 주도록 자신을 돕지 않는다면 설은 초나라의 수중에 들어갈 것이라는 의미입니다. 순우곤은 이를 이해하고 정중히 도와주겠다는 뜻을 밝혔습니다.

순우곤은 도읍인 임치로 돌아가자마자 사신으로 갔던 일을 제왕에게 보고했습니다. 보고를 다 들은 제왕이 물었습니다.

"초나라에서 본 것이 좀 있는가?"何見於荊?

이에 순우곤이 답했습니다.

"초나라는 심히 고집스러운데, 설은 자신의 힘을 가늠하지 못했습니다." 荊甚固, 而薛亦不量其力.

제왕이 어리둥절하여 무슨 뜻인지 묻자 순우곤이 또 말했습니다.

"설은 작은 땅인데도 자신의 힘을 가늠하지 못하고 선왕의 청묘淸廟*를 세웠습니다. 그런데 지금 초나라가 고집스럽게 그곳을 공격하니 청묘가 필시 위험해질 겁니다. 그래서 '설은 자신의 힘을 가늠하지 못했고, 초나라는 심히 고집스럽다'고 아뢴 겁니다." 薛不量其力, 而為先王立淸廟, 荊固而攻之薛, 淸廟必危, 故曰: '薛不量其力, 而荊亦甚固.'

제왕은 안색이 변했고, 선왕 즉 자신의 아버지인 제위왕이 떠올랐습니다. 또 설 땅에 제위왕의 또 다른 종묘가 있다는 사실도 생각났습니다. 아버지의 종묘가 초왕에게 해를 입다니, 절대로 있어서는 안 될 일이었습니다. 그는 당장 설 땅에 구원병을 파견했습니다.

이 이야기의 마지막에는 이 일을 기록한 사람의 평이 덧붙여져 있습니다. 그가 가장 중요하다고 생각한 교훈은 이렇습니다.

---

* 유해를 안치하지 않은 종묘를 뜻한다.

땅에 엎어져 애걸하고 공손히 청하면 도움을 얻더라도 변변치 못하다. 하지만 말에 능한 사람은 정세를 이야기하며 상대방의 중요한 부분을 건드려 그가 스스로 궁지에 빠졌다고 느끼게 만든다. 이렇게만 할 수 있다면 억지로 힘을 들일 필요가 어디 있겠는가?

顚蹶之請, 望拜之謁, 雖得則薄矣. 善說者, 陳其勢, 言其方人之急也, 若自在隘窘之中, 豈用强力哉?

이처럼 평자는 순우곤의 지혜와 변론술을 부각시켜 높이 평가합니다. 이런 교훈은 오늘날에도 매우 유용합니다. 만약 우리가 다른 사람에게 영향을 끼치고자 한다면 마음속으로 이 말을 곱씹어 볼 만합니다.

이 이야기는 풍훤의 '교활한 토끼는 굴을 세 개 판다'는 이야기의 주석이라고 할 수 있습니다. 사실 설 땅은 지리적으로 초나라와 가깝고 임치와는 멀었습니다. 그래서 세력을 확장하려는 초나라는 설을 위협하기 쉬웠지만, 상대적으로 제왕은 설을 그리 중시하지 않았습니다. 이에 풍훤은 제왕이, 적어도 제선왕만큼은 설을 구하지 않을 수 없는 이유를 마련했고, 그 덕분에 맹상군은 자기 힘으로만 설을 지키며 초나라의 침입에 대항할 필요가 없어졌습니다. 이것이 바로 '세 번째 굴'의 진정한 의미입니다.

## 인재 양성의 원칙은 관용이다

맹상군에 관한 이야기를 한 편 더 읽어 보겠습니다. 『전국책』 제책의 「맹상군의 측근」孟嘗君舍人이 그것인데, 이 이야기를 보면 그가 풍훤의 행동을 용인했던 것이 절대 과장이 아니었음을 알 수 있습니다.

이야기의 서두는 이렇습니다. 맹상군의 한 문객이 그의 부인과 사통을 했고, 이 사실을 다른 사람들까지 알게 되었습니다. 그래서 누가 맹상군을 찾아가 말했습니다.

"주군의 녹으로 먹고사는 문객이 안에서 부인과 사통하다니, 이렇게 의롭지 못한 자는 처단하셔야 합니다!"爲君舍人, 而內與夫人相愛, 亦甚不義矣, 君其殺之!

하지만 맹상군은 뜻밖의 대답을 합니다.

"서로 용모를 보고 좋아하게 되는 것은 인지상정이네. 그의 잘못은 더 이야기하지 말게."睹貌而相悦者, 人之情也. 其錯之, 勿言也.

그리고 1년이 지나서야 맹상군은 묻어 두었던 그 일을

처리합니다. 그는 부인과 사통한 그 문객을 불러 이야기합니다.

"그대는 나와 오래 함께 지냈지만 아직 큰 관직을 얻지 못했고 작은 관직은 원치 않았소. 내가 위衛나라 군주와 교분이 아주 깊소. 청컨대 수레와 재물을 준비해 줄 테니 앞으로는 위나라 군주를 모셔 보시오."子與文游久矣, 大官未可得, 小官公又弗欲. 衛君與文布衣交, 請具車馬皮幣, 願君以此從衛君遊.

맹상군은 마침내 그를 내보내게 되었지만 여전히 예의를 잃지 않았고, 그의 앞날도 챙겨 주었습니다. 그 사람은 위나라에 가서 위왕에게 중용되었습니다.

그런데 나중에 제나라와 위나라의 관계가 악화되었습니다. 위나라는 작은 나라여서 단독으로 제나라에 대항하기는 힘들었기 때문에, 위왕은 다른 나라들과 약조하여 함께 제나라를 치려 했습니다. 이때 맹상군의 문객이었던 그 사람이 위왕을 찾아가 먼저 말을 꺼냅니다.

"맹상군은 신의 능력이 보잘것없다는 것을 모르고 신을 추천하여 군주를 속였습니다."孟嘗君不知臣不肖, 以臣欺君.

이는 겸양의 말이면서 반어입니다. 자기가 능력이 뛰어나다는 것은 위왕도 아는데, 그런 자신을 맹상군이 곁에 두지 않고 선뜻 보내 주었으니 맹상군에게 마음의 빚을 진 셈이 아니냐고 위왕을 일깨우는 것이었습니다.

"그리고 신은 옛날 제나라와 위나라의 군주가 말과 양을 죽이고 함께 맹세하기를, '제나라와 위나라의 후손은 서로 공격해서는 안 되며 공격하는 자는 이 말과 양 같은 운명을 맞을 것이다'라고 했다고 들었습니다. 지금 군주께서는 다른 나라들과 약조해 함께 제나라를 치려 하시는데, 이는 선대의 맹세를 어기고 맹상군을 저버리는 일입니다. 바라옵건대 군주께서는 그런 생각을 거두십시오. 군주께서 신의 말을 들으신다면 괜찮겠지만, 안 들으신다면 신이 못난 것이니 즉시 목에서 피를 내어 군주의 옷섶을 적시겠습니다." 且臣聞齊衛先君, 刑馬壓羊, 盟曰: '齊衛後世無相攻伐, 有相攻伐者, 令其命如此.' 今君约天下者 兵以攻齊, 是足下倍先君盟約而欺孟尝君也. 愿君勿以齊为心. 君聽臣則可; 不聽臣, 若臣不肖也, 臣輒以頸血湔足下衿.

이 말은 깍듯이 예의를 차리기는 했지만 직접적인 위협이나 다름없었습니다. "과거에 맹세가 있었고 맹세를 어긴 자는 참혹하게 죽는다고 하였으니, 만약 당신이 정말로 맹세를 어기겠다면 나는 목이 달아나더라도 당신을 죽이고 말겠다!"라고 밝힌 것이지요. 결국 위왕은 대경실색해 제나라를 치려는 계획을 포기했습니다.

마지막에는 역시 짧은 논평으로 끝을 맺습니다. "맹상군은 일을 잘 처리하여 나쁜 일을 좋은 일로 바꾸었다고 할 수 있다"孟尝君可谓善为事矣, 转祸为功라고 말입니다. 그는 어떻게 그럴 수 있었을까요? 양사를 실천하며 최대한 인재를 중시하는 한편, 양사를 위해 모든 것을 희생하고 인내했기 때문입니다.

양사가 왜 그렇게 중요했는지 알려면 『전국책』 제책의 「맹상군에게 마음에 안 드는 문객이 있었다」孟嘗君有舍人而弗悅도 살펴봐야 합니다. 언젠가 맹상군은 주변에 마음에 안 드는 사람이 있어 쫓아내려고 했습니다. 이때 그의 책사였던 노련魯連이 말했습니다.

"원숭이가 나무를 버리고 물에 들어가면 물고기와 자라만도 못하고, 험난하고 위태로운 길을 가는 데 있어서는 준마가 여우만 못합니다. 또 조말曹沫이 3척 길이의 검을 들면 한 부대도 감당하지 못하지만, 검 대신 가래와 괭이를 쥐고 밭에 들어가면 농부만도 못합니다."猿猴錯木據水, 則不若魚鼈; 歷險乘危, 則騏驥不如狐狸. 曹沫之奮三尺之劍, 一軍不能當; 使曹沫釋其三尺之劍, 而操銚鎒與農夫居壟畝之中, 則不若農夫.

노련은 이야기를 계속 이어갑니다.

"그래서 장점을 보지 않고 단점만 강조하면 요堯임금조차 모자란 것이 있게 마련입니다. 지금 주군은 누구에게 어떤 일을 시키고는 못하면 무능하다 하시고, 또 누구에게 어떤 일을 가르치고는 익히지 못하면 서투르다 하십니다. 서투르다 내쫓고 무능하다 내쳐 함께하지 않으시면 그는 원한을 품고 보복하려 할 것이니, 이는 세상에서 가장 명확히 알아둬야 할 교훈이 아니겠습니까?"故物舍其所長, 之其所短, 堯亦有所不及矣. 今使人而不能, 則謂之不肖; 敎人而不能, 則謂之拙. 拙則罷之, 不肖則棄之, 使人有棄逐, 不相與處, 而來害相報者, 豈非世之立敎首也哉?

맹상군은 다 듣고서 그 말이 옳다고 수긍했고, 결국 그 사람을 쫓아내지 않았습니다.

역자 후기

고전 읽기의 쓸모


2016년 9월, 양자오는 중국 고전 읽기 시리즈의 대륙 출
간을 기념해 베이징에서 '오늘날 우리는 어떻게 중국 고전을
읽어야 하는가'라는 주제로 공개 강연을 진행했다. 나는 인
터넷에 게재된 이 강연의 녹취록을 듣고 그가 왜 그렇게 동
서양 고전 읽기에 천착해 왔는지, 또 고전을 대하는 그의 기
본 태도는 무엇인지 비로소 이해할 수 있었다.

양자오는 그 강연의 서두에서 먼저 모든 고전이 갖고 있
는 상호 모순적인 두 가지 성질에 관해 이야기했다.


고전이란 무엇일까요? 중국의 고전이든 서양의 고전이든

고전은 필연적으로 상호 모순적인 두 가지 성질을 갖고 있습니다. 우선 고전은 시공을 초월하는 보편적이고 효과적인 이치를 가져야만 합니다. 그래서 우리는 그것이 2천여 년 전의 책인데도 오늘날 읽고 또 읽을 필요가 있다고 생각하지요. 왜냐하면 2천 년이 흐른 지금의 이 시공간과도 여전히 관련이 있는 어떤 지혜를 품고 있기 때문입니다. 하지만 고전은 또 필연적으로 다른 면도 갖고 있습니다. 오랜 세월 전승되어 온 서적이자 역사적 문헌이기 때문입니다.

여기까지는 굳이 설명이 필요 없는, 상식에 가까운 내용의 재정의에 불과하다. 즉 고전은 과거의 역사적 문헌인 동시에 오늘날에도 본받을 만한 지혜를 담고 있는 동시대적 텍스트라는 너무나도 뻔한 얘기이기 때문이다. 하지만 그가 정작 하고자 하는 얘기는 고전의 정의가 아니라 우리가 고전을 대하는 태도다. 전자는 후자를 강조하기 위한 배경일 뿐이다.

우리가 효과적으로 고전을 읽기 위해 가장 중요한 것은 고전의 이 두 가지 상호 모순적인 성질을 고전을 대하는 태도와 연결시켜야 한다는 사실입니다. 그래서 나는 오늘날의 시각으로 고전을 읽는 것을 극구 반대합니다. 그것은 우리가 고전 속에서 우리가 원하는 것만을, 그리고 오늘날에 의미가 있는 것만을 찾는다는 뜻이기 때문입니다. 사실 고전은 많은 부분에서, 또 상이한 상황과 환경에서 누군가가 오늘날 우리와는 다른 방식으로 삶과 사건을 대했음을 상기시켜 줍니다.

이쯤 되면 우리는 양자오가 고전의 상호 모순적인 두 가지 성질 중 현재적인 것보다 역사적인 것에 더 주목하고 있음을 눈치챌 수 있다. 이어서 그는 고전을 읽는 것이 문화의 가치 면에서 우리가 당연히 가져야 할 품위를 강화하고 높여 준다고 전제하며, 더 구체적으로는 우리가 고전을 통해 우리에게 익숙하지 않은 고대 중국의 환경 속에 들어가 오늘날과는 전혀 다른 삶의 태도를 봄으로써 그것이 가능해진다고 설명한다. 그러면 '오늘날과는 전혀 다른 삶의 태도'는 과연 어떤 것일까?

양자오는 『좌전』左傳의 어느 일화에 등장하는 자객에게서 그 예를 찾는다. 그 자객은 군주의 명령으로 어느 고지식한 대신을 암살하기 위해 새벽같이 그 대신의 집에 잠입한다. 그런데 대신이 침상에서 편히 자는 대신에 조정의 아침 회의에 늦지 않기 위해 조복朝服을 입고 앉아 꾸벅꾸벅 조는 것을 발견한다. 이를 본 자객은 감동했고, 그 대신이 자신의 위치와 직분에 충실한 인물임을 알고서 죽이기를 포기한다. 하지만 그렇다고 해서 군주의 명령을 어길 수도 없는 노릇이었다. 결국 자객은 어떤 선택을 했을까? 마당의 홰나무에 스스로 부딪쳐 목숨을 끊었다.

이 이야기를 마치고 양자오는 고전 속 인물은 우리와는 전혀 달랐다고, 그 시대 사람들에게는 단순히 살아가는 것보다 더 중요한 원칙, 신념, 사상, 믿음이 존재했다고 말한다. 이 지점에서 우리는 양자오가 고전을 읽으며 우리가 본받기를 바라는 '오늘날과는 전혀 다른 삶의 태도'가 대단히 이상적인 것임을 알 수 있다. 양자오는 그것을 일컬어 '고귀한 인격'이라고 말한다.

마음속에 그런 고귀한 기준이 있는 사람은 틀림없이 그 영향을 받아 전혀 다른 존재가 됩니다. 만약 우리가 지금의 이 모든 상황에서만 그럭저럭 살아간다면 그런 고귀함을 절대 이해할 수 없을 것입니다.

 이제야 비로소 우리가 고전을 읽어야 하는 이유가 도출된다.

제가 보기에 고전 읽기의 가장 중요한 작용은 그저 단순히 살아가는 여러분에게 그런 식으로 사는 것은 무가치하다는 것을 느끼게 해 주는 겁니다. 그래서 나는 더 풍부하게 살수 있고 더 의미 있게 살 수 있다는 깨달음에 이르게 해 주지요.

양자오가 생각하는 고전 읽기의 효용성은 결국 현재의 '나'를 바꾸는 것이다. 하지만 그가 제시하는 고전 읽기의 태도는 온갖 세속적인 고전 처세서와 자기계발서가 그러하듯 오늘날의 시각으로 고전을 분석해 현재에 필요한 맞춤형 지혜를 쏙쏙 빼 오는 것이 아니다. 반대로 지금과는 상이한 고전의 시각에 순수하게 몰입해 고전에 깃든 '고귀한 인격'을 발견함으로써, 지금의 내가 얼마나 몰가치한 존재인지 성찰하고 새로이 가치 있는 삶을 지향하게 되는 것이다.

이제야 나는 양자오의 고전 읽기 시리즈가 왜 그렇게 집요하게 고전의 이질적인 문맥을 그 시대의 시각에서 우리에게 이해시키려 하는지 알 것 같다. 그는 우리가 오늘날의 시각으로 고전을 '착취'하는 대신, 온전히 고전의 문맥 속에 스스로를 담그는 데에 고전의 진정한 현재적 의의가 있다고 생각하는 것이다. 이는 우리가 동의할 만한 이상적이며 실천적인 역사 연구자의 탁견이다.

2019년 4월 4일

전국책을 읽다
: 국경과 계급을 초월한 모략서를 공부하는 첫걸음

2019년 5월 14일 초판 1쇄 발행

| 지은이 | 옮긴이 |
|---|---|
| 양자오 | 김택규 |

| 펴낸이 | 펴낸곳 | 등록 |
|---|---|---|
| 조성웅 | 도서출판 유유 | 제406-2010-000032호(2010년 4월 2일) |

주소
경기도 파주시 책향기로 337, 301-704 (우편번호 10884)

| 전화 | 팩스 | 홈페이지 | 전자우편 |
|---|---|---|---|
| 031-957-6869 | 0303-3444-4645 | uupress.co.kr | uupress@gmail.com |

| | 페이스북 | 트위터 | 인스타그램 |
|---|---|---|---|
| | www.facebook<br>.com/uupress | www.twitter<br>.com/uu_press | www.instagram<br>.com/uupress |

| 편집 | 디자인 |
|---|---|
| 사공영, 류현영 | 이기준 |

| 제작 | 인쇄 | 제책 | 물류 |
|---|---|---|---|
| 제이오 | (주)민언프린텍 | 책공감 | 책과일터 |

ISBN  979-11-89683-11-5  04080
      979-11-85152-02-8  (세트)

이 도서의 국립중앙도서관 출판예정도서목록(CIP)은 서지정보유통지원시스템
홈페이지(seoji.nl.go.kr)와 국가자료공동목록시스템(www.nl.go.kr/kolisnet)에서
이용하실 수 있습니다.(CIP제어번호: CIP2019017076)

## 자본론을 읽다

### 마르크스와 자본을 공부하는 이유

양자오 지음, 김태성 옮김

마르크스 경제학과 철학의 탄생,
진행 과정과 결과에 이르기까지
역사의 맥락과 기초 개념을 짚어
가며 『자본론』의 핵심 내용을
간결하고 정확한 시각으로 해설한 책.
타이완에서 자란 교양인이 동서양의
시대 상황과 지적 배경을 살펴 가면서
썼기에 비슷한 역사 경험을 가진
한국인의 피부에 와 닿는 내용이
가득하다.

## 고전강의 시리즈

### 종의 기원을 읽다

#### 다윈과 진화론을 공부하는 첫걸음

양자오 지음, 류방승 옮김

고전 원전 독해를 위한 기초체력을
키워 주는 서양고전강의 시리즈
첫 책. 인간과 자연의 관계를
변화시킨 『종의 기원』에 대한 새로운
해설서다. 저자는 섣불리 책을
정의하거나 설명하지 않고 책의
역사적, 지성사적 맥락을 흥미롭게
들려줌으로써 독자들을 고전으로
이끄는 연결고리가 된다.

### 꿈의 해석을 읽다

#### 프로이트를 읽기 위한 첫걸음

양자오 지음, 문현선 옮김

인간과 인간 자아의 관계를 바꾼
『꿈의 해석』에 관한 교양서. 19세기
말 유럽의 독특한 분위기, 억압과
퇴폐가 어우러지며 낭만주의가
극에 달했던 그 시기를 프로이트를
설명하는 배경으로 삼는다. 또한
프로이트가 주장한 욕망과 광기
등이 이후 전 세계 문화와 예술에
미친 영향을 들여다보며 현재의
우리에게는 어떤 의미인지 점검한다.

## 성서를 읽다
### 역사학자가 구약성서를 공부하는 법
박상익 지음

『어느 무교회주의자의 구약성서
읽기』 개정판. 한반도에서 사는
지금의 우리는 서양의 정신과
제도의 영향을 받으며 살아간다.
당연히 서양 문명의 뿌리 중 하나인
헤브라이즘을 모르고는 우리의
상황을 온전히 이해할 수도, 미래를
설계할 수도 없다. 조선 후기부터
천주교의 형태로 헤브라이즘의
영향을 받기 시작한 한반도에
20세기 초에는 개신교 형식의
헤브라이즘이 유입되었고, 광복 후
미국의 압도적인 문화적 헤게모니
속에서 개신교가 폭발적인 성장세를
보였다.
그러나 이런 양적 성장과 비교하면
질적 수준은 향상되지 않았다. 저자
박상익은 서양의 정신적 토대로
역할을 수행한 그리스도교가
한국에 와서 대중의 조롱을 받고
있는 현실을 통탄하면서, 21세기를
헤쳐 나가야 할 한국인에게 서양
정신사의 한 축인 헤브라이즘을
제대로 이해하려는 노력이
필요하며, 이를 위해서는
히브리 종교의 핵심 내용이 담긴
「구약성서」를 제대로 읽어야 한다고
힘주어 말한다.

## 미국의 민주주의를 읽다
### 우리의 민주주의를 더 잘 이해하는 법
양자오 지음, 조필 옮김

프랑스 대혁명의 혼란에서 벗어나지
못한 프랑스인에게 미국의 민주주의를
소개하고 프랑스에 적용하고자 한
프랑스의 알렉시스 드 토크빌이
쓴 『미국의 민주주의』는 방대한
분량으로 읽기 쉽지 않은 책이다.
타이완의 지식인 양자오는 『미국의
민주주의』는 토크빌과 프랑스
대혁명의 역사 배경과 미국 독립
혁명의 전후 상황 등을 훑으며,
토크빌이 『미국의 민주주의』에서
서술하고 분석한 미국의 민주주의
가치와 평등의 힘을 알기 쉽게
설명한다. 그리고 미국의 민주주의와
평등이 당시 프랑스뿐 아니라 현대의
우리에게 어떤 의미가 있는지 고민해
보기를 권한다.

## 미국 헌법을 읽다
#### 우리의 헌법을 더 잘 이해하는 법

양자오 지음, 박다짐 옮김

미국 헌법은 근대 최초의 민주 국가
미국에서 만든 헌법이다. 이후 수많은
나라에서 미국 헌법을 참고하고
모방하여 헌법을 제정했다. 민주
헌법의 원형이 미국 헌법이라고도
할 수 있는 것이다. 타이완의 지식인
양자오는『미국 헌법을 읽다』에서
미국 헌법이 만들어지기까지의 역사
배경을 소개하고, 미국 헌법을 원문과
함께 살펴보며 헌법 조문의 의미와
맥락을 알기 쉽게 설명한다. 이를
통해 우리는 오늘날 전 세계에 막대한
영향을 미치는 미국이라는 나라의
토대를 이해하고, 오늘날 우리 삶의
기반을 만든 고전이자 현대 민주주의
제도의 근간을 이루는 헌법을
이해할 수 있을 것이다.